小新说运营
B端产品运营体系解析

王可新 / 著

电子工业出版社
Publishing House of Electronics Industry
北京·BEIJING

内 容 简 介

为了帮助数字化转型中的企业解决 B 端产品运营问题，小新撰写了本书。在当前的市场环境中，产品的高客单价、客户决策周期长等因素使获取客户的成本越来越高。制定规范的运营策略，使产品更好地服务客户，提升客户口碑，是所有 B 端产品运营人员需要思考的重要问题。

本书是一本 B 端产品运营体系的方法论与业务落地案例相结合的实战型图书，详细阐述了 B 端产品运营的几大模块，如品牌建设、内容运营、活动运营、渠道运营、客户经营、流程管理与维护、数据分析、运营团队构建与管理。本书着重分析了当前 B 端在产品运营过程中遇到的业务痛点，以及如何使用运营手法来解决这些问题。

本书适合处于数字化转型期间的传统企业的负责人、运营经理、市场经理等阅读。希望本书能够帮助这些读者理解 B 端产品规范化和系统化的运营策略，并为他们的实际运营工作带来助益。

未经许可，不得以任何方式复制或抄袭本书之部分或全部内容。
版权所有，侵权必究。

图书在版编目（CIP）数据

小新说运营：B 端产品运营体系解析 / 王可新著．—北京：电子工业出版社，2021.1
ISBN 978-7-121-40124-4

Ⅰ．①小⋯ Ⅱ．①王⋯ Ⅲ．①企业管理—产品管理 Ⅳ．①F273.2

中国版本图书馆 CIP 数据核字（2020）第 242285 号

责任编辑：孙学瑛　　　特约编辑：田学清
印　　刷：北京七彩京通数码快印有限公司
装　　订：北京七彩京通数码快印有限公司
出版发行：电子工业出版社
　　　　　北京市海淀区万寿路 173 信箱　　邮编 100036
开　　本：720×1000　1/16　印张：17　字数：272 千字
版　　次：2021 年 1 月第 1 版
印　　次：2023 年 5 月第 2 次印刷
定　　价：79.00 元

凡所购买电子工业出版社图书有缺损问题，请向购买书店调换。若书店售缺，请与本社发行部联系，联系及邮购电话：（010）88254888，88258888。
质量投诉请发邮件至 zlts@phei.com.cn，盗版侵权举报请发邮件至 dbqq@phei.com.cn。
本书咨询联系方式：010-51260888-819，faq@phei.com.cn。

书评推荐

20位跨行业高级管理者和行业专家	倾力推荐	
中国水利水电第八工程局	高级经济师	陈秋敏
前海结算商业保理（深圳）有限公司	董事长	张静
优品科技	合伙人、COO	高卫东
深圳和而泰智能家居科技有限公司	总裁	王宏
深圳星与空营销策划有限公司	CEO	雅如
北京优航金服科技有限责任公司	CEO	胡峰
深圳虎链商业保理有限公司	CEO	黄进寿
深圳市云象共享网络科技有限公司	CEO	乐文斌
深圳华付信息技术有限公司	高级副总裁	张剑
成都优家工场装饰工程有限公司	CEO	李帅
香港荣丰集团荣德昌（深圳）投资管理有限公司	CEO	肖贵文
深圳魔饭科技有限公司	CEO	周枫
慕思寝具	智慧睡眠科技团队负责人	张小云
中国城市规划设计研究院	高级工程师	刘永合
恒生前海	基金经理	廖婷婷
平安科技	高级项目管理负责人	刘艳黎
平安智慧城	高级运营经理	秦雪
联储证券	投资顾问	余跃健
深圳能源集团	高级工程师	原林
乐车邦	CMO	徐广宇

▶ 小新说运营：B 端产品运营体系解析

20 位互联网公司产品、运营和项目一线负责人　倾力推荐		
百度公司　商业产品部	高级产品经理	李晓丹
百度公司　商业产品部	高级产品经理	孟祥飞
阿里云计算有限公司	高级业务发展专家	翟优
顺丰科技	高级设计专家	吴斌
金山公司	高级产品经理	陈雪琪
Paytm	高级产品经理	郑冲
字节跳动	AI 产品专家	刘诗媛
阿里集团 UC 事业部	产品运营专家	万科
顺丰科技 经管人资业务部	高级产品经理	林戴安
腾讯公司 TEG 安全平台部	高级产品经理	郑增亮
腾讯公司 IEG 市场平台部	高级产品经理	李季
腾讯公司 音乐人项目部	高级运营经理	何施瑶
腾讯公司 QQ 音乐产品部	高级产品经理	吴少维
腾讯公司 IEG 设备与平台部	专家技术总监	华有为
腾讯公司 PCG 腾讯生态合作部	高级市场经理	青单单
腾讯公司 PCG Unscripted 内容制作部	高级市场总监	李扬
腾讯公司 腾讯影业平台合作中心	高级运营经理	张金红
腾讯公司 CDG 财富管理部	高级运营经理	罗倩
腾讯公司 CSIG 腾讯课堂产品部	高级运营经理	段雅静
腾讯公司 PCG 腾讯看点	高级运营经理	潘瑛

20位跨行业高级管理和行业专家书评

在"数字中国"的大环境下,建筑行业的智慧化建设已经进入了一个崭新的阶段。可新同学的新书触及了当今建筑行业智慧化实施过程中的诸多痛点并提出了解决方案,特别是把数据分析体系讲解透彻了,对全面优化建筑企业,提高其核心竞争力起着至关重要的作用。

——中国水利水电第八工程局　高级经济师　陈秋敏

对金融机构而言,效能提升仅仅是智能化带来的一部分效益,数字化转型的整体运营策略为机构带来的运营模式的转化,才具有更加重大的意义。

——前海结算商业保理(深圳)有限公司　董事长　张静

对于金融行业正面临的变革与挑战,企业更应该坚持客户至上、主动求变的理念,探索业务数字化转型的着力点,拓展服务范围、变革服务方式和提升服务效率,全力加快数字化转型的步伐。本书系统地构建了B端产品运营策略的体系化内容,值得推荐。

——优品科技　合伙人、COO　高卫东

本书内容严谨、实战性较强,能够有效地帮助C-Life梳理行业服务运营策略,助力C-Life成为物联网产业大数据立体化运营服务平台。

——深圳和而泰智能家居科技有限公司　总裁　王宏

从短期来看,运营体系的有效实施或许能为企业增加销售量与收入;从

▶ 小新说运营：B端产品运营体系解析

长期来看，企业只有从实践中创造新的业务模式，把握客户需求，洞察数据内涵，才能提供更好的服务。

——深圳星与空营销策划有限公司　CEO　雅如

未来民航业的竞争力在很大程度上取决于数字化和智能化创新应用的发展。中国发展民航业的决心和行动力是公认的，所以在数字化转型的大趋势下，民航业务平台运营体系的构建具有重大意义。

——北京优航金服科技有限责任公司　CEO　胡峰

传统金融行业客流分散且碎片化，使经营成本也随之上涨，这是我们遇到的发展瓶颈。在金融行业数字化转型的大潮中，金融产品如何能够精准地捕捉并满足客户需求，相信这本书一定能给我们答案！

——深圳虎链商业保理有限公司　CEO　黄进寿

如何有效解决传统行业产品的线上运营问题，一直困扰着我们这个行业。本书的品牌建设、内容运营等模块系统地讲解了对传统产品进行线上经营的全流程，对我公司物流产品线上品牌价值传递，并提升客户满意度有着十分重要的指导意义！

——深圳市云象共享网络科技有限公司　CEO　乐文斌

企业数字化转型的本质是顺应消费者需求，重新进行资源配置，以面对市场的不确定性。在企业数字化转型的进程中，确实需要运营经理提高自己的数字化运营技能，做行业复合型运营人才。

——深圳华付信息技术有限公司　高级副总裁　张剑

有效的客户增长来自新客的转化和成长，只有源源不断的新客转化，才能持续地在平台产生价值，进而降低获取客户的边际成本。

——成都优家工场装饰工程有限公司　CEO　李帅

　　所有行业端运营的本质是为客户提供降本、增效及提升客户满意度的服务。在数字化时代，除了这几点要求，我们还会把运营服务定位成销售的开始：通过服务产生信任，了解更多客户的需求，从而产生持续的销售，以及对智慧地产行业产品和方案的迭代创新。

——香港荣丰集团荣德昌（深圳）投资管理有限公司　CEO　肖贵文

　　我认为B端产品基本已将"线下已有需求"系统化，且需求较清晰、明确、固定。所以对B端运营人员来说，更需要将提效降本的指标做出量化并准确传递给目标客户群体。

——深圳魔饭科技有限公司　CEO　周枫

　　在运营前端，大家看到的是"直播"等数字化营销模式冲破实体店经营的瓶颈；但在运营后端，大家看到的是企业依托数字化、智能化、体系化转型的成果。这本书卓有成效地讲解了企业端数字化运营方法论及案例，值得传统企业的运营经理学习和分享。

——慕思寝具　智慧睡眠科技团队负责人　张小云

　　对企业运营人员来说，首先要从思维层面做出一个质的转变，也就是变被动为主动。传统企业的运营人员需要具备的思维模式和框架都在这本书里，值得学习！

——中国城市规划设计研究院　高级工程师　刘永合

　　金融证券公司的数字化转型，具体指基于准确、完备的数据，通过对业

▶ 小新说运营：B端产品运营体系解析

务运营各环节的体系化、量化的科学分析，推动业务流程优化，重塑金融服务方式，升级业务模式，实现提质增效！这本书能有效帮助金融科技产品梳理体系化的线上运营思路，并助其成为行业运营新标杆。

——恒生前海　基金经理　**廖婷婷**

2020年，中国有60%以上的企业把数字化转型作为头等大事或首要任务来看待。而2020年年初大环境的变化让敏锐的B端企业觉察到，线上营销及运营体系的建立对企业自身有巨大帮助，企业纷纷开始积极制定应对策略。想学习B端产品运营体系的传统企业人员，相信应该能从这本书里得到启发。

——平安科技　高级项目管理负责人　**刘艳黎**

B端产品一个很大的特点就是其专业性和复杂度较高，通常大家刚接触时都不太熟悉甚至完全没有概念。在客户了解产品的时候，运营经理更需要快速理解产品并扮演专家的角色服务于我们的客户。如何准确地将产品核心信息传递给客户？请关注这本体系化的运营书籍。

——平安智慧城　高级运营经理　**秦雪**

未来是一个实体经济和虚拟经济通过数字化实现平等对话、高度融合的时代，金融行业也必然会借助数字化的力量，使服务变得更加高效、精准、便捷。

——联储证券　投资顾问　**余跃健**

ToB运营真正需要解决的是企业内部的具体业务问题，并赢得企业整体的认可，这样才能真正实现产品持续增长。

——深圳能源集团　高级工程师　**原林**

B端SaaS型企业初期最大的困难是把产品销售出去,这需要产品贴合市场真实需求、优秀简单的用户体验、合理定价和销售策略。在产品卖出去后,后续的线上支持、培训、运营、复盘等更为重要,因为其他商家更关心已购买者的效果和体验,已购买者也会基于运营结果决定是否续费。小新老师体系化地讲解了B端产品运营,阅后大受裨益,特推荐给大家。

——乐车邦　CMO　徐广宇

▶ 小新说运营：B 端产品运营体系解析

20 位互联网公司产品、运营和项目一线负责人书评

B 端服务的人群有一定的特殊性！组织结构不同且决策链长的特点使得我们必须通过系统且持续的运营策略提升客户转化率。

——百度公司　商业产品部　高级产品经理　李晓丹

如果说 To C 行业已成"红海"，那么产业互联网所在的 ToB 领域则是更广阔的"蓝海"。制造、医疗、运输都是产业数字化的发力点，法律、财务、办公室 OA、会计、企业生产制造流程管理等平台级产品，都在借助数字化的力量，变得更加高效、精准、便捷。相信本书一定对 B 端产品运营人员有所启发。

——百度公司　商业产品部　高级产品经理　孟祥飞

未来的 B 端运营人员，需要能够敏锐地发现市场新机会，根据客户实际使用场景和需求，不断设计有效的解决方案并进行传播、推广。

——阿里云计算有限公司　高级业务发展专家　翟优

个人认为，可以把 B 端运营经理看作顾问型服务专家，不但要帮助企业产品塑造品牌，而且要构建服务流程，完善团队架构，最终提高企业产品效益。

——顺丰科技　高级设计专家　吴斌

如何理解 ToB 产品运营？ToB 产品运营，即找到客户，在合适的时机、

场景下与客户沟通,最终达成客户留存与转化的全过程。那么如何找到客户?应该使用什么策略有效地触达你的客户?这才是 ToB 运营经理不断探寻的目标。

——金山公司　高级产品经理　陈雪琪

B 端产品运营的目标同样是通过运营方法提升业务的核心指标。但 B 端运营经理是否了解企业对这个岗位的要求或者期望?是否能够借鉴 C 端海量的运营方法论来实施 B 端业务呢?不妨从这本书里找到想要的答案。

——Paytm　高级产品经理　郑冲

对于运营,很多中台运营经理的做法是竭力构思案例亮点并直接展示给目标企业,实际上运营的内容远不止如此。优秀的运营经理往往搭建的是一个智能系统,不断探索与总结可持续、可复用、可解释的运营策略,通过数据帮助客户深入了解其业务的内核。

——字节跳动　AI 产品专家　刘诗嫒

无论是 C 端运营还是 B 端运营,其内容营销的本质都是创造高质量的传播内容。比如,近些年 B 端企业发布白皮书,甚至企业自己出版一些整合案例的书籍或刊物,这些都是能够提升品牌影响力的做法。我认为 B 端运营人员更要基于自身业务属性做高质量的社区内容,从社区发掘核心客户,沉淀优质的行业知识体系,这是持续提升 B 端产品行业竞争力的有效方法。

——阿里集团 UC 事业部　产品运营专家　万科

现在大部分企业的产品或服务都处于买方市场,客户有更多的选择。如何让潜在客户更主动地来找你,运营经理需要持续思考和践行,这样才能得到想要的答案。所以，无论接触哪一个决策环节的客户，运营经理都可以尝试通过体系化的运营手段推动自己的决策。

——顺丰科技 经管人资业务部　高级产品经理　**林戴安**

B端意味着你面对的不是单独的个体，而是一个群体，所以制定运营策略，更应该从企业内部的角色来定义和实践。

——腾讯公司　TEG安全平台部　高级产品经理　**郑增亮**

我认为B端运营就是找到需求，并通过交换价值提供供给，再逐步扩大规模、站稳脚跟，辅助产品在商业竞争中取胜的过程。

——腾讯公司　IEG市场平台部　高级产品经理　**李季**

对于决策链条长的B端产品，我们确实需要紧跟客户需求，持续打磨产品。在某些条件下更要迎合客户需求，提供定制化服务，所以服务内容相对更困难。构建B端运营体系，能够助力企业主更好地完善其服务体系，使客户快速认可其服务。

——腾讯公司　音乐人项目部　高级运营经理　**何施瑶**

传统企业想在数字化转型的浪潮中塑造自己的品牌，应采用"以客户为中心"的思维方式实施运营，才能把自己打造成真正的明星企业！

——腾讯公司　QQ音乐产品部　高级产品经理　**吴少维**

在做B端产品运营时，运营人员确实需要快速构建一套运营体系，然后在各个环节采取对应的方法，最终提升产品业绩。

——腾讯公司　IEG设备与平台部　专家技术总监　**华有为**

很多人在运营B端产品时，不知不觉地把C端的运营思维嫁接到B端产品上。实际上B端获客及转化逻辑与C端有着较大的差异，所以大家应该运用B端的思维重构运营体系。

——腾讯公司　PCG腾讯生态合作部　高级市场经理　**青单单**

B端客户更加注重利益与价值，其时间成本很高，所以B端运营的核心本质是为客户持续赋能，并使客户在你的产品生态中获得更多收益。

——腾讯公司　PCG Unscripted 内容制作部　高级市场总监　**李扬**

在数字化转型时代，传统企业打造IP尤为重要。如果企业能够成为业内权威，客户就会源源不断。本书能够有效帮助企业打造IP，助力其快速成长。

——腾讯公司　腾讯影业平台合作中心　高级运营经理　**张金红**

B端运营更加注重管理者和决策者，满足其需求并帮助其获得价值是运营的核心。作为B端运营人员，更应该在传统企业转型的大潮中乘风而起，把握发展时机。

——腾讯公司　CDG财富管理部　高级运营经理　**罗倩**

B端运营人员更需要具备整合和协调资源的能力，做公司市场及销售的"弹药库"与后援团，并应持续思考提供什么样的解决方案能帮助客户在行业领域中获得更大的价值。

——腾讯公司　CSIG腾讯课堂产品部　高级运营经理　**段雅静**

B端产品运营路径的思考逻辑：获取线索→付费转化→持续服务。本书拆解了不同路径下的运营实践，值得学习。

——腾讯公司　PCG 腾讯看点　高级运营经理　**潘瑛**

自 序

最近我的脑海里总是出现一句话：我为什么会写这本书呢？

因为我想通过写这些内容给 B 端企业赋能，助力企业快速成长。当我完成本书，思考如何撰写"自序"的时候才真实地感受到，自己制定了一年多的目标终于实现了。回想自己当时写书的初衷，我才真正体会到本书的意义与价值。

我曾在腾讯公司工作了 10 年。在那 10 年间，我积累了比较丰富的 C 端产品经理经验和产品运营的方法论。当时的我对自己的产品规划与运营能力很有信心，毕竟我曾经在一线工作多年，萃取了非常多的行业经验和方法论。

在离开腾讯前，我甚至还有点骄傲和自满，有种出身名门、终于修炼成功得以下山执剑闯天涯的豪情壮志。

天高任鸟飞，小新说运营！当时的我真的是意气风发。

十年生死两茫茫，一入运营愁断肠。积累了 10 年运营经验的我，还不能说自己是运营专家吗？但是当我开始服务一家传统企业，负责这家企业十几条 ToB 产品线的战略规划与实施运营时，我发现自己积累的 C 端产品的运营方法论在 B 端产品中竟然行不通。

以前在做 C 端产品时，我更看重的是百万级、千万级的流量，以及高转化率。但在做了多次 B 端产品的运营后，我发现数据效果并没有想象中的那么好。在运用了很多技巧后，那些预料当中的快速转化也并未如期而至。这让我错愕，不禁深思了很久。

为什么 B 端运营与 C 端运营之间会有如此巨大的差异呢？

因为相对于 C 端运营，B 端产品的客户类型不同，客户需求也不同。最明显的差异是决策流程长、客单价高，且 B 端客户的决策角色通常是以组织的形态出现的。因此，在实施运营时，以往诸如一些游戏化的活动运营、抽奖等能够造成转发和围观的运营形态反而行不通了。

于是，我用了近 3 年的时间，潜心学习和实践了 B 端产品运营体系。针对客户决策周期长、决策者与使用者不同等特点，我通过持续的品牌建设与内容运营，不断提升客户对产品的感知；针对 B 端客户所扮演的角色多的特点，我尝试针对不同类型的客户及其看重的因素，设置不同的内容与活动营销策略。

通过对 B 端产品运营的不断深入了解，我逐渐将自己的 B 端产品运营经验和行业中的一些案例萃取出来，形成了自己的一套 B 端产品运营方法论，这是近几年收获的成果之一。

现在的我，除了活跃在 B 端产品的运营工作中，还服务于不同的企业咨询与培训工作中。我发现很多传统企业在数字化转型期间，对 ToB 产品运营体系的理解几乎处于空白阶段。有些企业不知道应该如何运营自己的产品，只能借鉴 C 端产品的运营思维来服务 B 端产品，甚至使用抽奖等运营玩法，实际收效甚微。

同时，我发现很多传统企业由于组织架构等原因，目前没有设置专门的产品运营经理岗位，从而导致企业对产品的体系化运营和策略实施是不规范的，在运营当中往往夹杂了各种部门职责与理念。在为企业授课的过程中，我也验证了我的假设，很多传统企业的员工对产品运营，尤其是 B 端产品运营没有形成体系。因此，每当我清晰地阐述自己对 B 端产品运营的理解时，都能获得很多传统企业的认同。

既然如此，为何不将自己的实践经验进行整合，将 C 端的方法论与 B 端的实践进行结合，总结出自己的一套运营方法论呢？诚然，我在总结的过程中，也借鉴了众多运营大师、管理大师、商业模式大师的模型及其用法，但是着重突出了自己在 B 端实践中的思考和创新。在 B 端产品运营实践的过程中，很多理论的模型框架需要进行调整，需要有自己行业的特点。

自序

本书详细阐述了 B 端产品运营几大模块的实施路径，这些模块包括品牌建设、内容运营、活动运营、渠道运营、客户经营、流程管理与维护、数据分析、运营团队构建与管理。特别是对处于数字化转型期间的传统企业的负责人、运营经理、市场经理等角色，本书能够帮助他们快速理解 B 端产品、解决方案，以及规范化、系统化的市场运营策略。希望本书能为大家的运营工作带来启发。

传统企业的数字化转型需求已成趋势。对传统产业而言，实体的商业运作正逐渐向互联网化、数字化、市场化转型。早在 2018 年，腾讯的马化腾先生与刘炽平先生都表示：互联网的下半场是产业互联网，未来 20 年，当互联网红利不再有的时候，产业互联网是我们连接一切的战略和愿景、是使命的延展；产业互联网不是孤立存在的，正是我们在消费互联网有广泛的连接，才能更好地服务 ToB（企业）和 ToG（政府机构）的客户，这种能力也恰恰是我们在未来竞争中的法宝和利器。

由此可见，作为互联网行业巨头，腾讯已经将"下一个 20 年，赋能产业互联网"列为企业重要的战略举措。那么，传统企业的运营人员更应该从现在起开始学习数字化、体系化的运营技能，真正使企业具有数字化的能力。希望在大家学习的过程中，传统企业的品牌一步步被升级、被重塑。

最重要的是，已经走在数字化道路上的你并不孤单，让我们一同进步吧！

前 言

正如在前面"自序"中提到的，小新写本书是为了帮助传统企业解决在数字化转型过程中的 B 端运营问题。传统企业在 B 端产品运营的过程中，会遇到非常多的问题。这些问题与 C 端产品的问题完全不一样。本书能够为传统企业解决什么问题，小新在这里具体阐述一下。

首先，很多传统企业对数字化转型重视不够，以为数字化转型仅仅是引进一些 ERP 或者生产智能化设备，将以往的纸制数据转化为线上数据而已。它们忽视了这些数据对企业的深层次的帮助，以及这些数据作为企业能够深挖的转化为核心竞争力的能力。传统企业在数字化转型过程中遇到的 B 端产品运营问题，是与 C 端产品运营完全不同的全新课题。

其次，本书提到的 B 端产品不是传统意义上的广义 B 端产品，而是传统企业在数字化转型过程中涉及的 B 端产品，以软件、生态系统、整体解决方案为主，并不涉及实体产品、货运服务等传统业务。很多企业以前的业务均为 C 端业务，但在数字化转型以及智能化的浪潮中，形成了一套生态系统，能够将软硬件结合或者单独研发出一套适用的 B 端软件，形成一套独特的 B 端产品。这种产品如何运营，是这些企业面临的共同问题。

这些问题非常现实。很多相同类型的企业原本在 C 端做得风生水起，但是对 B 端产品一筹莫展，原本用于 C 端产品的各种手段与方法，并不适用于 B 端产品，就像戴着拳击手套打棉花一样，以往非常见效的运营手段收效甚微。因此，在小新培训与咨询的过程中，很多企业非常急切地寻求 B 端产品的运营推广之道。它们面临的问题与 C 端产品的问题很不一样。因此，小新希望通过创作本书，能够帮助这些企业构建适合于自己的一套运营体系，让它们学到更加实用的方法。

第三，在培训与咨询的过程中，小新发现很多企业的管理者或者运营人员对自己认知不清。这种现象很常见，很多人由于自己认知的局限，并不知道自己的思维方式有什么问题。小新自己也是，在从事了大量自己擅长的工作后，才逐渐发现自己的瓶颈与思维惯性。在本书的创作中，小新融入了思维、管理方式、领导力、商业模式等诸多的模型以及思考方法，帮助大家发现自己思维中的"墙"，并且从运营的角度深度挖掘企业面临的问题以及解决方法。请读者务必在反思过自己的问题之后，也能够更好地面对工作上的各种问题。

最后，本书面向的读者群体比小新预计的要广泛。原本，读者只是在传统行业中沉浸多年且在业务上处于转型期的工作人员。然而，随着企业对数字化转型、思维方式的变革，以及不同产品形态的运营方式的重视，本书可以给更多人带来新思路与新方向。本书虽然是针对 B 端运营而写的，但是其中也涉及大量关于市场、产品的思维方式和工作方法。产品开发人员懂运营，能够帮助产品更好地配合运营，将产品的最大效用发掘出来，也为产品的迭代开发铺设道路。

本书引用了大量 B 端产品运营的案例，当然也有 C 端产品运营的案例作为对比。希望小新对这些案例的深度思考，能够帮助读者了解如何做好 B 端产品的运营。

1. 为什么说传统企业的出路在于数字化转型

不可否认，智能化已经来到我们每个人的面前，关键在于你是要拥抱它，还是拒绝它。很多传统企业兴奋地拥抱这一变革，并将其视为机会与出路。然而，也有一部分企业假装看不见，只对不断收缩的销售数据胆战心惊。

小新在腾讯工作的 10 年里，能够明显地感受到，在整个互联网行业的快速发展中，传统行业也在积极追赶，其中以智能家居行业为典型代表，表现出产品智能化、流程数据化等特点。B端产品的升级与智能化加速、企业数据化等都在推动着企业的升级转型。

有一组数据特别能说明目前的形势。中国互联网络信息中心发布的《中国互联网络发展状况统计报告》提到，截至2020年3月，我国网民规模达9.04亿人，较2018年年底增长7508万人，互联网普及率达64.5%。其中，手机网民规模达8.97亿人，我国网民使用手机上网的比例达99.3%。网络购物的用户规模达到7.10亿人，手机网络支付用户规模达7.68亿人。另外，2019年，我国人工智能企业数量超过4000家，位列全球第二。我国企业在智能制造和车联网等应用领域中拥有较大优势，在高端芯片等基础领域中取得一定突破。

随着中国企业数字化转型的加速，B端市场的增长潜力愈发受到企业重视，面向B端市场提供服务的网信独角兽企业的数量增长明显。从网信独角兽企业的行业分布来看，企业服务类占比最高，达15.5%。随着企业服务产业迎来发展的黄金期，网信独角兽企业作为企业服务产业的中坚力量，在服务模式创新、效率提升及成本降低等方面都将扮演至关重要的角色。

对一个企业来说，它所面临的客户群体、受众、终端消费者的习惯在发生变革，上游供应商与下游客户的诉求也在发生变化，它唯一的出路就是去适应这种变化。

2. 优秀的传统企业已经处于数字化转型进程的加速时期

优秀的传统企业视危机为机遇。2008年的世界金融危机使得全球的企业遭受重创，然而，从那以后，一股数字经济的风潮席卷全球，成为促使全球经济回暖的春风。

数字经济的快速发展，使得各大企业之间的实力竞争升级为产业数字化率的竞争。换句话说，产业数字化转型已经成为国家经济高质量发展的重要任务之一。

在政策方向上我们能够看到，《中国数字经济发展与就业白皮书（2018年）》提到，数字技术与实体经济的融合、渗透不断加速，企业数字化转型正推动传统企业进行变革。其中，无数的"实验派"企业在数字化转型这股浪潮中激流勇进。在数字化转型过程中，大家都是"摸着石头过河"，没有可参考的成功典型，也没有统一的规律可遵循。适用于某个行业的规律，不一定适用于其他行业。在快递行业中，京东的机器人派送、无人车派送，亚马逊的自动叉车、智能化运营系统的上线；在传统制造业中，通用电气的数字化转型、海尔电器的"人单合一"模式。这些都是先进企业探索出的属于自己的路。

那么，你所在的企业处于转型的什么阶段，有着什么样的问题，这些都是需要你去思考的。

3. B 端产品运营能够像 C 端产品运营一样成为行业成长与变革的助推器

B 端产品在数字化转型中占据了非常重要的位置。B 端产品是企业与客户都必须用到的产品，这种产品能够帮助企业提升管理决策的稳定性，能够推动企业的生产流程或者下单流程由人工化向智能化转型，能够让传统企业由封闭式向开放式转变，能够使企业原本过高的交易成本降低。

B 端产品并不是一成不变的，如同 C 端产品一样，是需要运营的。品牌、内容、渠道、经营必不可少，是需要打破常规进而占领客户与用户的心智模式的。B 端产品运营能够帮助企业更好地拥抱变革，成为促使行业成长的助推器。

▶ 小新说运营：B端产品运营体系解析

可现实却是，众多 B 端产品缺乏运营，不知道转型之路如何选择，从而不知所措、步履蹒跚。小新从业 16 年来，曾在互联网企业中就职过，也曾在传统行业中"深入巢穴"，深知管理方式的不同、思维的碰撞、对运营看法的不同在多大程度上影响着企业的发展。

因此，小新写了本书，初衷就是为走在数字化转型道路上的企业在运营层次上加一把力。

读者服务

微信扫码回复：40124

- 获取各种共享文档、线上直播、技术分享等免费资源
- 加入读者交流群，与更多读者互动
- 获取博文视点学院在线课程、电子书 20 元代金券

目 录

第1章 B端产品运营是什么 1
1.1 什么是运营 2
1.2 B端产品 3
1.3 B端产品运营 9

第2章 B端产品运营的"疑难杂症" 11
2.1 数字化转型背景下的B端产品运营问题 11
2.2 问题处理框架——三环理论 14
2.3 B端产品运营的方法论 16
2.3.1 B端营销转化路径 16
2.3.2 B端营销客户决策路径 17
2.3.3 B端运营体系核心框架 19
2.4 给你一个未来 21

第3章 B端品牌建设体系及营销要素 24
3.1 品牌建设 25
3.1.1 一个场景 25
3.1.2 一个案例 25
3.1.3 品牌建设的核心价值 27
3.2 B端品牌建设的误区 27
3.3 B端品牌建设与营销 29
3.3.1 营销偏好 29
3.3.2 B端品牌建设与营销的流程拆解 31
3.3.3 品牌——行业识别系统的建立 33

3.3.4　策略——从三个营销维度实施品牌建设 48
　　3.3.5　传播——品牌营销过程的传播载体 54
　　3.3.6　客群——基于产品定位探寻品牌营销客群属性 55
　　3.3.7　企业品牌建设与营销的难点和衡量指标 55
　　3.3.8　关于企业品牌建设与营销的建议 56
　3.4　本章内容总结 57

第4章　B端内容及活动运营 59
　4.1　内容运营概述 59
　　4.1.1　什么是内容运营 61
　　4.1.2　为什么需要内容运营 62
　　4.1.3　内容运营的价值 64
　4.2　B端内容运营 65
　　4.2.1　一个案例 65
　　4.2.2　B端内容运营框架 68
　4.3　内容定位 70
　　4.3.1　定位客户画像 70
　　4.3.2　定义内容：考虑B端内容的友好度 71
　4.4　内容生产 72
　　4.4.1　生产哪些内容 73
　　4.4.2　如何创作内容标题 76
　　4.4.3　为不同阶段的客户匹配不同的内容 80
　　4.4.4　内容生产技巧 82
　　4.4.5　快速生产高质量内容 84
　　4.4.6　B端内容包装案例 86
　4.5　内容评估 90
　　4.5.1　内容营销评估 90
　　4.5.2　通过内容调整进行营销改进 91
　4.6　活动运营 92
　　4.6.1　活动运营概述 92
　　4.6.2　活动运营的价值 94

4.7　B端活动运营...96
4.7.1　B端活动运营总体框架...96
4.7.2　活动方案撰写流程详解...97
4.7.3　活动邀约流程...98
4.7.4　线上活动营销...100
4.7.5　线下活动营销...103
4.7.6　B端活动运营的风险点与新趋势...105
4.8　本章内容总结...107

第5章　B端渠道运营..109
5.1　渠道运营概述...109
5.1.1　什么是渠道...109
5.1.2　一个案例...110
5.2　B端渠道运营框架..111
5.3　价值策略..112
5.3.1　产品价值...113
5.3.2　渠道价值...116
5.4　内容形式与内容分发..118
5.4.1　内容形式的分类...118
5.4.2　内容分发平台...119
5.4.3　多平台内容运营...119
5.5　渠道形态..120
5.5.1　传统渠道...120
5.5.2　互联网渠道...125
5.5.3　公域渠道...128
5.5.4　私域渠道...129
5.5.5　一个案例...130
5.6　渠道定向投放...133
5.6.1　渠道定向投放流程...133
5.6.2　广告投放漏斗模型...134
5.6.3　渠道投放案例及经验...136

5.7 渠道管理 139
    5.7.1 渠道质量评估 139
    5.7.2 线下渠道投放原则 143
    5.7.3 线下渠道投放案例 144
5.8 本章内容总结 145

第6章 B端客户经营体系 147
6.1 客户经营 147
    6.1.1 一个案例 147
    6.1.2 客户经营概述 149
    6.1.3 B端客户经营的优势与目的 150
6.2 B端客户成长阶段及经营策略 152
    6.2.1 一个案例 152
    6.2.2 B端客户成长阶段及经营策略概述 154
6.3 客户成交期 154
    6.3.1 客户画像 155
    6.3.2 客户成交期运营策略 158
6.4 新客期 158
    6.4.1 客户分级 159
    6.4.2 大客户策略 160
    6.4.3 中小客户策略 164
6.5 持续期 166
6.6 价值挖掘期 166
6.7 忠实经营期 168
    6.7.1 一个案例 168
    6.7.2 老客户经营原则 169
    6.7.3 客户成功 169
6.8 客户流失期 171
6.9 企业生态运营 174
    6.9.1 竞争者分析与自我定位 174
    6.9.2 企业生态系统运营 176

目录

- 6.10 本章内容总结 179
- 第 7 章 B 端流程管理与维护 180
  - 7.1 流程管理的概念 180
    - 7.1.1 流程 180
    - 7.1.2 流程管理 181
  - 7.2 流程管理的意义与本质 182
    - 7.2.1 流程管理的意义 182
    - 7.2.2 流程管理的本质 183
  - 7.3 流程管理全过程 183
    - 7.3.1 销售运营全貌 184
    - 7.3.2 签约流程管理 186
    - 7.3.3 采购流程管理 190
    - 7.3.4 结算流程管理 192
    - 7.3.5 客服流程管理 194
    - 7.3.6 培训流程管理 200
  - 7.4 本章内容总结 201
- 第 8 章 B 端数据分析 203
  - 8.1 数据分析概述 203
    - 8.1.1 数据分析的定义 204
    - 8.1.2 数据分析的意义 204
  - 8.2 数据分析框架 205
  - 8.3 B 端产品数据分析 206
    - 8.3.1 C 端与 B 端产品数据分析的异同 206
    - 8.3.2 B 端产品关注指标 207
    - 8.3.3 B 端产品数据指标体系 208
    - 8.3.4 B 端工具型产品数据分析 213
    - 8.3.5 B 端 SaaS 型产品数据分析 217
  - 8.4 B 端数据分析的误区 224
  - 8.5 常见的 B 端数据分析工具 226
    - 8.5.1 GrowingIO 226

	8.5.2	神策数据	226
	8.5.3	诸葛 io	227
	8.5.4	友盟+	228
	8.5.5	数据分析工具选用	229
8.6	本章内容总结		230

第9章 B端运营团队的构建与管理 231

9.1	B端运营团队的职能	231
9.2	面向市场的企业定位	232
	9.2.1 旧营销观念	233
	9.2.2 新营销观念	234
9.3	组建运营团队	238
	9.3.1 B端运营团队与C端运营团队的差异	238
	9.3.2 最小化运营团队	239

后记 242

第 1 章
B 端产品运营是什么

为了让大家能够明白运营的概念,尤其是 B 端产品运营的概念,小新会从以下三个方面进行阐述:运营的基本概念、B 端产品、B 端产品运营。

在详细阐述运营与 B 端产品运营的概念之前,小新先来拆除大家头脑中的"墙"。

很多人对 B 端产品运营的第一印象就是"活多、难做"。一些 B 端企业都是传统企业,它们要去服务好多 C 端企业,感觉没有那么高端。但这是对 B 端产品运营的误解,医疗、金融、智能家居这些行业也可以有 B 端产品,也需要运营。

学习之道包括沟通之道,就像自我意识的发现与反馈模型——乔哈里视窗,如图 1.1 所示。你需要先找到信息不对等的地方,再完成沟通与学习。学习就是通过读书或者上课,将自己认知当中的盲目区发掘出来,并使之缩小。通过学习与思考,你可以将盲目区进一步减少并使之转化为开放区。

在这里,我希望大家思考的是,你所认知的概念、知识是否与他人所认知的一致。在本章中,我们先来统一我们的认知。在接下来的章节中,我们会一起学习,扩大开放区、统一认知,再继续寻找盲目区、缩小隐秘区。这样能够更好地推动知识的内化,当然,也对大家探寻未来的沟通之道有所帮助。

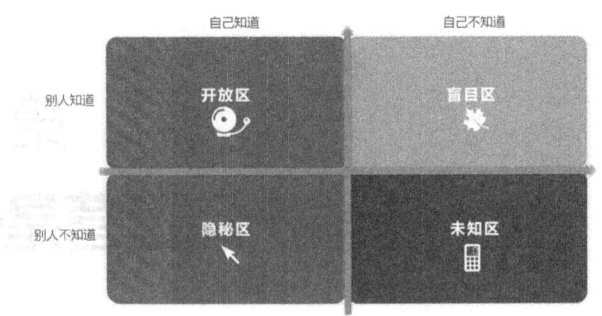

图 1.1　乔哈里视窗

1.1　什么是运营

很遗憾,很多人对运营并没有一个清晰的概念。

这没问题,因为运营这个职位从出现到现在也不过十几年的时间。在最开始,运营人员也许就是一个网站的管理员,或者是网络编辑,或者是各种网络推广人员,干的事情特别多而且杂,以至于在一段时间内,运营人员的工作被很多人误解,以为就是写写文章、打打小广告而已。

但是,一个专业的运营人员所具备的宏观技能、细节技能多之又多。运营人员既要懂客户心理,又要能够写出叫好又叫座的文章来。运营人员的实际工作可谓复杂无比,内容制作、数据监测、活动策划、推广宣传、用户管理、客服等,无所不包。

那么问题来了,究竟什么是运营?能不能用一句话讲清楚?

从业 16 年来,小新越来越深刻地理解到,**运营是一项长期的创造环境的活动,这个环境让产品发光、让内容流通、让用户感到畅快、让客户不得不再来。**

作为职位而言,运营人员是环境的缔造者。为了创造这个环境,所需要做的一切活动,都属于运营的范畴。

1.2　B端产品

在传统企业中，很多管理者误以为产品不分B端和C端，B端产品也可按照C端产品的"套路"去运营，于是急匆匆地高薪聘请BAT的运营专家，给自己的企业做运营。这样做不是说不可以，但是你至少要先深刻认识自己的产品，否则"画虎不成反类狗"，既损失一员大将，又错失了转型与运营的最佳时机。

B端产品与C端产品，在概念、特点和核心价值方面，都有很大的不同。作为一个运营人员，你需要根据产品特点，进行有效的概念提炼及推广运营。

1．B端产品的定义

B端产品在行业中是To Business（2B）产品的简称，它与C端产品的核心差异在于对象不同。B端产品的对象是组织或者企业。B端产品能够基于某个业务领域，解决客户在办公或经营过程当中遇到的问题。

那么，客户购买B端产品的**核心目的**是什么呢？如图1.2所示，客户购买B端产品有五个核心目的。

图1.2　客户购买B端产品的核心目的

1）提升效率：加快组织决策速度，提升准确率

我们早已经度过了手工录入单据、核对票据的阶段。B端产品的出现，能够帮助企业从原本重复、单一的工作中脱身，让人力资源得到更高层次的运用，使企业将时间投入创新、研发等价值更高的工作当中。

智能化的普及、数字技术的发展、大数据的应用，这些都帮助企业更好地认识自己与客户，提高生产率，使需求化定制以及按需生产成为可能。

2）提高产能：推动企业生产流程智能化转型

随着新技术的发展，B端产品能够更好地帮助企业降低沟通成本。通过定制各种适合企业的智能化系统，企业在生产、职能工作、产品的研发等方面实现智能化转型。

3）降低成本：推动企业交易成本、生产成本的降低

企业通过数字化转型，获取信息、增加推广的成本得到大幅度降低，获客成本也得到降低，从而提高了劳动生产率，增加了产出。数字化转型的普及使得决策成本、监督成本降低，使得信息不对称导致的问题得到解决，使得花费的时间与精力大幅度减少。信息技术与数字化系统使得企业实现最小成本验证成为可能，使企业无论是在产品侧，还是在运营侧，都能够得到更好的机会。

4）降低风险：提升企业创新能力和核心竞争力

B端产品能够帮助企业将人力资源投入价值更高的活动中去。这些活动构成了一家企业的核心竞争力。CEO们不用在少数信息与当前问题之间进行思考，B端产品将现状、问题、数据更好地呈现在管理层面前，能够帮助企业降低决策错误的风险，使得企业的试错成本达到最低，让企业在未来的道路上有更多的可能。

5）增加收入：收入多样性，数据资产的运营与管理成为未来的主要工作

企业应用B端产品的核心诉求是增加收入。提升效率、降低成本、提高产能、降低风险，归根结底是为了企业能够增加收入。

数字化转型走到现在，产品的目的不再是帮助企业实现无纸化，把纸上的数据转化为线上数据，而是帮助企业更好地运用这些数据。因此，"一锤子买卖"可能已经成为过去，持续性的服务、发现问题并解决问题的速度、数据资产的运营与管理成为未来B端产品竞争的主战场。

2. B端产品的特点

笔者在跟同事以及学员聊天时，经常听到的抱怨是"B端产品太难运营了"。

B端产品究竟具有怎样的特点？为什么这么难运营呢？

1）B端行业属性差异大，参考难度大

学员小Z说："感觉C端产品可参考的案例比B端产品多，B端产品好难做。"所以，B端产品与C端产品的区别就是难度升级，运营难度也更大。

的确如此，在现实工作中大家也会发现，B端产品的案例比较少，并且案例可参考的价值也比较小。为什么呢？因为B端行业的属性差异特别大。你不可能拿一个医疗行业的产品案例去指导一个金融产品应该如何运营，也不可能拿一个电商SaaS系统的成功案例，来指导自己所处的教育行业或智能家居行业。虽然可以参考，但直接套用的价值不大。

另外，整体而言，B端行业的数字化转型正处于起步阶段，而且B端产品的转型周期相对较长，所以市面上关于B端行业的案例、成熟的体系很少。这就是大家觉得B端产品的运营案例相对较少的原因。

2）价格差异大，决策层级多，成交周期长

学员小L说："B端产品跟C端产品相比，价格的区别大，决策人也不同，所以通常B端产品的成交周期很长。"

通常一款B端产品的价格少则几万元，多则数十万元，还有更贵的解决方案级别的产品可能要在百万元甚至千万元左右。所以企业的管理者不可能在短时间之内快速决策，决定购买B端产品。通常企业内部会进行多轮需求沟通，再进行产品的初步筛选，还可能进行招投标等一系列流程。所以对我们来说，促使客户直接购买B端产品的运营难度相对会比C端产品大很多。

但是，对运营来说，成交周期长也不一定是坏事。比起C端产品运营的险象环生，大家可以根据客户行为数据等因素来定义B端产品的运营策略。

通常你的产品的成交周期是多久？根据产品成交周期就能更清晰地制定期间的运营策略。大部分的B端产品，如SaaS、ERP，还包括直接提供版权的产品，其成交周期最短也要在三个月左右，较长的成交周期有可能在一年以上。这为运营团队制定运营策略提供了一个大概的参考时间。

3）更换成本高，决策难度大

在决策方式方面，C端产品的决策相对比较感性。比如，用户看到一个广告，并被广告宣传的产品打动，该用户可能直接去京东、淘宝把它买下来。

但对B端产品来说，通常客户的决策方式是非常理性的。通常企业会基于B端产品能为企业带来什么做决策。上文提到的实际效益，要么大幅度降低成本、风险，要么提高企业的效率、增加收入，都是企业在进行决策时参考的因素。

一旦决策，这个产品就会使企业投入可观的资金、时间、人力去培训员工学习、使用该产品。因此，产品的更换成本很高，企业决策会更加谨慎，这对运营团队而言，难度更大。

3. B端产品的核心逻辑梳理

只有理解产品的核心差异点，才能知道B端产品是如何进行有效的运营的。

接下来，我们从交易单价、决策方式、关注角度、购买流程、成交周期、品牌理念、客户规模这七个方面来比较B端产品与C端产品的核心逻辑，如表1.1所示。

表1.1 B端产品与C端产品的核心逻辑比较

	B端产品	C端产品
交易单价	相对较高，合同约束	相对较低，几元~几千元
决策方式	群体决策	个体决策
关注角度	理性	敏感
购买流程	多人/复杂	一人/简单
成交周期	长	短
品牌理念	企业品牌	产品品牌
客户规模	相对较小	大

通过比较，我们能够看到两者之间的明显不同。接下来小新详细阐述两者之间的区别对运营而言有什么影响。

1）交易单价

C端产品的交易单价相对较低，不需要与客户签订合同；B端产品交易单价相对较高，对流程制度、风险的管控较为严格。

2）决策方式

相对于C端产品，B端产品的决策难度更高，群体决策带给运营人员的挑战也更大。而C端产品的决策方式大部分是个体决策。

3）关注角度

通常C端产品的用户对其关键价值是比较敏感的。

比如，在购买在线视频产品时，用户更看重的是内容的丰富度、独家资源数量、是否有用户正在追的剧等因素。所以视频平台在做运营推广时，会把自己最好的内容凸显出来，同时也会根据平台用户的播放喜好播放一些自制剧，以此来吸引C端用户购买增值业务。在这种情况下，用户同时看中两个平台的内容，并同时付费购买两个平台的会员会非常容易。

但对B端产品来说，企业一旦购买了产品，就很难更换了。更换B端产品需要企业花费大量的数据迁移成本、培训学习成本、重新采购的时间成本等，所以企业会更加理性地看待B端产品。

因此，在做B端产品的运营时，你需要针对自身产品的特性，并结合客户的情况，为客户提供有价值的服务。

4）购买流程

B端产品与C端产品在购买流程上的差异主要是多人和一人的区别。

5）成交周期

B端产品的成交周期短则一两个月，长则几年以上都有可能。而C端产品在上线后转交运营人员进行经营、迭代非常常见。这与B端产品之间有明显的区别。

6）品牌理念

C端产品有着系统化、流程化、规范化的创新与包装，用户对企业的服务、品牌影响力十分看重。相比而言，购买B端产品的客户虽然也关注企业品牌这种软实力，但更关注该产品为自己带来的效益。二者相互补充，效益带来口碑，口碑形成品牌，所以在后续的品牌建设、渠道拓展、内容运营方面，会着重凸显B端产品的成功案例。

7）客户规模

通常C端产品的客户群体少则千万，多则数亿。B端产品的客户群体显然没有C端产品这么多。比如，小新之前服务过一家杭州的医疗科技公司，它的智慧医疗平台产品的客户就是非二甲、三甲的医院和社区医疗机构。所以从单一产品的角度而言，这家公司很容易看到服务的天花板，将客户的资料整理一下，就能够看到准确的客户数据。

另外，小新还曾服务过一家金融科技公司，它的客户是全国的证券公司和银行，也能够大致测算出它的服务体量。通常，如果一款B端产品的客户规模在几百到几万之间，那么这款产品就比较成熟了。

综合来看，B端产品的核心特点分别是**群体客户、效益第一体验第二、强调抽象与逻辑**，也就是凸显B端产品为企业流程再造及企业管理服务的过程。所以运营人员一定要知道B端产品的核心价值，才可以针对它的特点来梳理运营策略，这个是非常重要的！

4．B端产品的类型

对于B端产品的类型，业内有很多不一样的分法。有的按照功能进行分类，有的按照行业进行区分，这些分法不是不好，但是太细，不容易帮助我们提取其共同点，找到运营的普适性。

因此，小新把B端产品分为三种类型——**工具型、业务或平台管理型、解决方案型**。

工具型：对企业或组织来说，工具型B端产品是一种能够提升组织流程效率的工具，如企业自用的OA平台。

业务或平台管理型：这种类型的B端产品不仅仅承担着提升效率的重任，更重要的是把企业各个链条的数据有效地连接起来并进行处理与量化。企业可以通过被处理的数据直观地理解业务运作情况。比如，SaaS类的软件、商贸业务的后端管理系统等都属于业务或平台管理型B端产品。

解决方案型：这种类型的B端产品通常针对的是有定制化需求的行业，如医疗、教育、金融、智慧城市等行业。

那么，B端产品的业务类型是如何划分的呢？

根据企业客群的划分，B端产品的业务类型分为对内产品和既对内也对外的产品。

对内产品：换句话说，对内就是自己人使用，指的是帮助企业研究一套自用的产品或者采购一套内部自用的产品。采购的主要目的是提升流程管理效率。从运营的角度讲，企业在购买之后就不需要进行运营了，因为这是企业内部一定要使用的，后续的边际运营成本几乎为零。出售方的推广策略应该是尽可能地把产品带给客户的实际价值凸显出来，这样就达成了运营目的。

既对内也对外的产品：换句话说，就是自己员工与友军共同使用的产品。产品既为企业的员工服务，也为企业服务链条上的供应商或者客户服务。这就需要运营方进行持续的运营，透过数据关注各个角色的使用情况，并且驱动业务快速增长。此时出售方的推广策略除了凸显产品优势，还需要把服务案例、服务成果、客户使用后的业务增长率、好评率等数据进行有效传播，以此触达客户，增强客户的信任度。

1.3 B端产品运营

在讲完B端产品后，我们再定义一下B端产品运营。

B端产品运营是面向企业客户，提供产品的服务体系与维护策略，使产品或者业务产生商业价值的行为。

让我们回顾一下"运营"的概念。运营是一项长期的创造环境的活动，这个环境让产品发光、让内容流通、让用户感到畅快、让客户不得不再来。而B端产品运营针对的群体是企业客户，要让这个非常重视价值、效益、利润的群体满意，我们就必须采取与C端产品运营不一样的方式。

为什么 B 端产品需要运营呢？很多人会说，我们从创业到现在没有运营，不也这样过来了吗？

多年以前，大部分企业的产品都有自己固定的客户群体，而且客户多半都是卖方市场的角色，企业只需要维护好自己已有的客户就行了。也就是说，企业内部承担了相对简单的运营工作。现在市场发生了转变，原本的"套路"已经不管用了，产品大多处于买方市场的混战状态中。客户拥有比以往更多的选择。那么，企业的运营成本就会大幅度增加，原本承担简单运营工作的内部部门可能已经不适应现阶段的市场或者被运营手段的不专业拖累。因此，我们需要进一步思考，客户在选择产品时考虑的因素是什么。

- 首先，客户可能考虑的因素是品牌效应。主要考虑你的知名度如何、有没有成功的案例、服务过哪些同类的客户、功能特性是不是匹配企业的需求、是不是"一锤子买卖"、培训成本高不高、能否根据企业需求定制等。作为运营人员，就需要通过市场来进行有效的宣传，不断地触达潜在客户群体，使客户逐渐消除对产品的顾虑，增强品牌口碑与客户信任。

- 其次，从销售层面来讲，我们能否摆脱以往固有的获客手段，更多地使用线上渠道，同时能够把销售过程的所有数据量化，从而可以很清晰地透过数据看到哪些客户属于即将成单的客户，哪些客户属于潜在的客户群体。所以销售这个层面也需要运营人员的参与。

- 第三个因素是产品运营管理。从客户有意向到客户签约，再到使用产品、复购产品等一系列过程，都需要我们的产品运营人员协助公司业务人员梳理出标准化流程和体系化制度，尽可能地以更高的效率、更低的成本来服务好客户。所以产品运营管理的层面更需要运营人员的参与。

在本章中，我们统一了运营、B 端产品与 B 端产品运营的概念，估计这与你的认知会有些差异。在这里，我们统一了思维中开放区的一部分。在接下来的章节中，我们会挖掘其中存在的问题、找到解决问题的办法，小新也会提供更多的方法论，帮助大家在 B 端产品运营的道路上做到游刃有余。

第 2 章
B 端产品运营的"疑难杂症"

在第 1 章中,小新给出了 B 端产品运营的具体定义,统一了我们的认知。接下来,让我们集中火力,一同来发现问题并找到解决问题的办法,这是本章的主要目的。

解决问题的第一要务,就是如何去发现问题。

2.1 数字化转型背景下的 B 端产品运营问题

B 端产品运营是新生事物,那些在 C 端运营系统中十分重要的职位在 B 端运营系统中似乎并不重要,那么让我们一起来看看来自 B 端管理层与 B 端运营岗位的各种问题。希望大家在看过之后会心一笑,不仅知道如何反击,还要有所反思。

问题 1:B 端产品还需要运营吗?直接做就行了。

相对于 C 端产品上亿级的客户群,B 端产品的客户量少则几百,多则几万，远没有 C 端产品的客户群那么庞大，目标是效益第一、体验第二，以至于管理层会产生一种错觉，无论产品的体验效果有多差，客户都会买单。这样看来，B 端产品不需要运营，还不如将用于运营的资金投入研发与生产中，还能看到实实在在的东西。

如果社会没有进步，科技没有发展，那么上述言论可能站得住脚。然而，一方面，目前的信息透明度这么高，客户有什么需求在网上一搜就能找到，如果你不运营，那么客户就有机会找到别人而不是你。另一方面，信息透明也在很大程度上提高了客户对产品的期待值。另外，在现阶段买方市场占主体的状态下，传统的展会营销、关系营销不但获客成本高，而且效果不够理想。

企业所处的发展阶段不同，运营所需要的人力、物力也不相同，预算也会不同，并不是说运营就一定要花费大量的资金。

因此，B 端产品需要进行系统的运营。

问题 2：我们数字化转型进行得差不多了，产品都出来了，给业务就行了。

很多传统企业的数字化转型完成得非常成功，实现了产业链条信息化和产品智能化，并且已经有了成熟的解决方案。比如，慕斯床垫不仅销售给终端用户，还有 B 端产品为酒店提供一整套的解决方案。这里面除了床垫，还有各种智能化产品的集成与服务。那么，如何筛选目标酒店、如何让目标酒店知道慕斯有这么好的解决方案、如何识别客户并让客户产生兴趣就成为运营中的难点。如果单靠业务人员一家家跑，一点点啃，效率非常低，业务人员也容易丧失信心。

这些问题也是其他 B 端企业在转型过程中面临的问题。而这些问题单靠业务人员从业务逻辑角度去梳理是远远不够的。客群的画像、B 端品牌的宣传手段、触达方式、产品价值的呈现方法等，都是可以使用的运营方法。

因此，B 端企业需要系统化运营理论作为支撑，只有运营才能帮助 B 端产品被更多有效客户关注。

问题3：有成功案例吗？快告诉我成功案例！

很多学员来上课总是希望小新讲很多B端企业转型以及营销的成功案例，以此来给自己树立信心。

没错，这样的案例确实能够给你树立信心，但是，这样的成功案例真的可靠吗？

没有方法论与自我思考的成功案例，仅仅是"画在纸上的一个大饼"，看得见，却吃不着。就像是在转型初期，很多企业直接高薪聘请C端的运营人员进行B端运营的操作，但是这些运营人员感到强烈的"水土不服"。另外，国家规定金融行业不得使用任何所谓的裂变内容营销或者承诺收益的话术。这也是拼多多、淘宝、腾讯等优质企业的任何案例和运营方法禁止被金融行业使用的原因。

在这一点上，运营也是隔行如隔山。因此，我们需要在方法论与思维模式上重塑B端产品的运营体系。

问题4：我们有市场部，还需要运营部吗？

很多人所在的传统行业有市场部，却未曾听说过有运营部。运营在C端的重要性是运营被认为是C端专属。所幸，从小新这些年所经历的B端企业的转型来看，越来越多的B端企业认识到了运营的重要性，也将一部分核心员工或者市场部的部分员工转岗到了运营部。

那么，市场部与运营部有什么区别？绝大多数市场部承担的是宣传、推广等与品牌、业务相关的、对外且偏宏观的事宜。与市场部相比，运营部有更多细节与数据需要负责。运营部的工作主要是对内的，针对某个业务制定整体的运营策略。怎么做内容、怎么做网络活动、怎么给销售人员提供支持、怎样让客户更快地接受解决方案，这些都是能够落地并且可进行指标监控的。

当然，运营部和市场部的工作边界确实有些模糊。比如，有些企业的运营部要做一些关于市场的工作，市场部也需要做一些正常的内容运营等。在企业中，运营部的建立可以从市场部抽调部分员工。因为这两个部门的工作内容有部分重叠，从市场部抽调的员工可以更好地理解运营部的工作。

2.2　问题处理框架——三环理论

在 2.2 节中，小新要介绍一种处理问题的框架——三环理论，也帮助你在日后的工作中，可以更好地思考运营指标的设定以及面对问题的态度。

在介绍三环理论之前，我们先来看看著名组织行为管理大师克里斯·阿吉里斯（Chris Argyris）于 1991 年在《教聪明人学会学习》一文中提出的一个比喻。

假如在房间里有一个恒温器，当室温低于 20℃时，这个恒温器就会自动启动供暖设备，这就是单环学习（Single-loop learning）。而如果恒温器提出问题："为什么是 20℃？"然后研究有没有其他温度设定，既保暖还能节省能源，这就是双环学习（Double-loop learning），如图 2.1 所示。

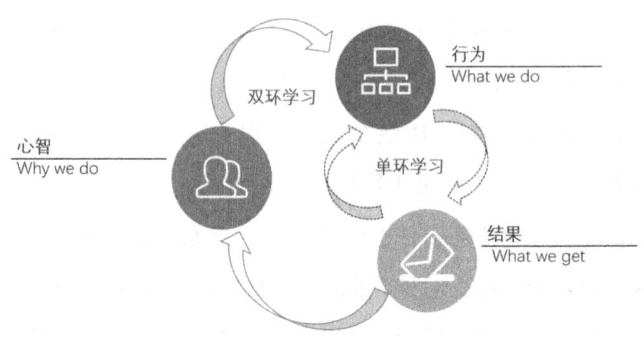

图 2.1　单环学习与双环学习

但是，小新更喜欢领导力专家刘澜教授的例子，这个例子反映的是关于教育的思考。

一般的老师为了让学生考试达到 100 分，所做的各种努力是行为与结果导向。接下来，学生问老师："为什么我们要考 100 分？"这是进行了第二轮思考。为什么是 100 分？老师可能会告诉你，因为这个分数能够帮助你考上好大学。如果我们仅仅以此作为标准答案，那么双环分析到此结束。这也是大多数老师的模型，很多人思考到这里就停下来了。那么，如果学生还是没有进一步的改变怎么办？好大学对学生没有吸引力怎么办？

因此，我们引入了三环学习模型，如图 2.2 所示。有一种老师，是灵魂导师，如同电影《死亡诗社》里面的基汀老师，他让同学们读诗，直面内心，找寻真我，最终找到自己的终极目标。这个学习过程也可以被看作心智模式的学习，是一个振奋人心的过程。

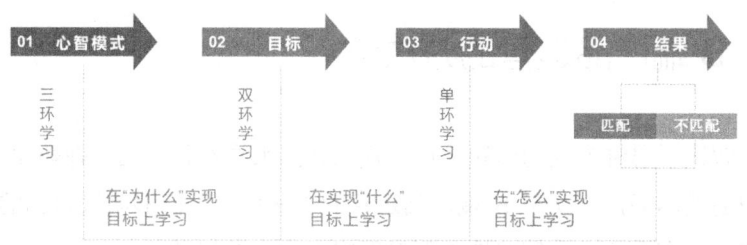

图 2.2　三环学习模型

我们做运营也是一样，很多时候，我们面对的一个运营指标很可能就是一个伪命题，需要追本溯源去研究为什么制定这样的目标、有没有更好的目标、能否达到更好的效果。最终的思考结果就是运营的最终目的，即触达最终的决策者们，抢占他们的心智，让他们在做出某个具体决策时第一时间想到的就是你推荐的产品。而为了达到这一目标，所需要设定的各种小目标以及行动，是三环学习模型可以帮助大家达到的思考深度。

举个具体的例子：

慕思寝具构建了一个科技生态系统，想赋能酒店和睡眠产业。这个 B 端产品想要触达酒店业，将整体方案推送到目标酒店群当中。我们遇到的第一个问题就是设定目标。运营人员想要将整体方案推送给 30 家目标酒店，需要帮助销售人员让达成率超过 50%，即最少达成 15 家目标酒店。在双环学习中，我们会通过研究是否能达成这个目标来优化目标，然后进行第二轮学习。其实这种目标在执行过程中一般会遇到两种问题：要么是酒店不属于整体方案的接受客体，达成率低；要么是太容易触达的酒店是否不满足于现有的解决方案。因此，我们接下来需要将目标进一步具体化（完成为什么要设定这种目标的思考）：运营要触达 10 家五星级酒店、20 家四星级酒店，帮助销售人员让达成率超过 50%。接下来，我们可以进一步思考为什么我们要触达四星以上的酒店，以及我们的整体方案到底能带来什么变化。在这一过程中，B 端产品的理念、品牌、调性、服务等，都会顺理成章地被提炼出来，被应用于体系化的运营当中。

2.3 B 端产品运营的方法论

在解决了思维方式的问题之后，我们共同来看看我们的"弹药库"。小新希望通过本书，让从事 B 端产品运营的小伙伴们既能够明确自己的使命与价值，又有方法、有策略地去面对现实工作中的问题。

接下来，小新会给大家具体介绍 B 端运营体系与方法论。

2.3.1 B 端营销转化路径

小新先从整体上给大家提供一个思路，我们可以通过 B 端营销转化路径或者 B 端营销客户决策路径来定义 B 端运营体系。B 端营销转化路径能够更好地帮我们划分运营的时机，B 端营销客户决策路径能够帮助我们看清运营的范围以及工作重点。

我们首先来看一下 B 端营销转化路径，如图 2.3 所示。

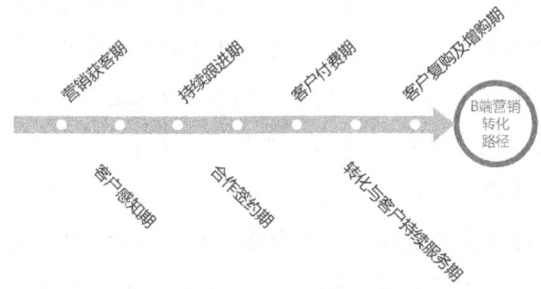

图 2.3　B 端营销转化路径

B端营销转化路径可以分为七个阶段：营销获客期、客户感知期、持续跟进期、合作签约期、客户付费期、转化与客户持续服务期、客户复购及增购期。

基于上述路径，产品运营的岗位大致可以分为售前运营岗（获客、感知）、商务运营岗（跟进、签约、付费）、产品运营岗（转化与客户持续服务）和数据分析岗（转化、服务、复购）四种类型的岗位。当然，并不是说一家公司必须有这四种类型的岗位才可以。小新见过很多公司的运营部门在岗位职责定义方面区分得没有这样细致，一个部门的几位产品运营经理同时肩负着B端营销转化路径里的所有工作，这也是很常见的。

2.3.2　B端营销客户决策路径

看完了B端营销转化路径，接下来，我们一同来了解B端营销客户决策路径。

B端营销客户决策路径能够帮助我们更好地了解产品运营经理在各个阶段所做的具体工作，如图2.4所示。

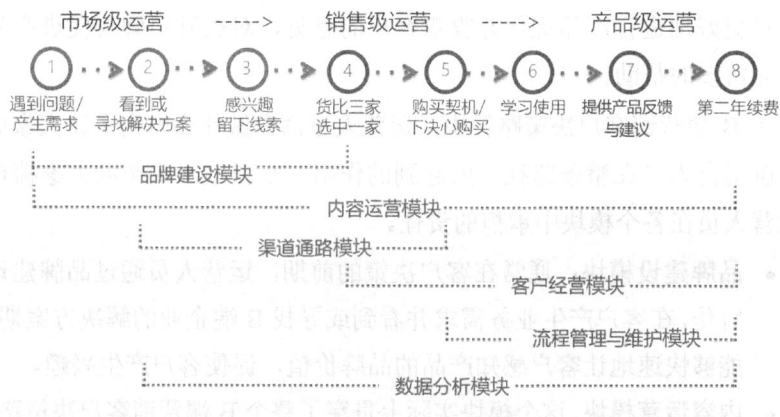

图2.4　B端营销客户决策路径

小新将产品运营的过程分为三个阶段，分别是**市场级运营**、**销售级运营**、**产品级运营**。这三个运营阶段非常重要，在接下来的内容中，小新会经常与大家进行这三个阶段的运营分析，请在这里着重注意。

1. 市场级运营

客户从遇到问题、产生需求开始，经历了看到或寻找解决方案、感兴趣留下线索、货比三家选中一家、找到合适的购买契机后下决心购买、学习使用、提供产品反馈与建议，再到第二年续费这一系列流程。市场级运营通常关注的是售前阶段，主要集中在品牌建设与内容运营上。通过品牌与内容的输出，从宏观角度影响客户对需求及解决方案的看法。

2. 销售级运营

销售级运营阶段的主要目的是更好地达成销售目标，因此，销售级运营起着承上启下的作用，关联市场与产品。我们可以看到，销售级运营几乎包括了品牌建设模块、内容运营模块、渠道通路模块等所有的模块，然而其侧重点主要在于渠道通路模块与客户经营模块。其他模块虽然也能够促成销售，但是不是销售级运营的重点。

3. 产品级运营

一般来讲，这个时候的客户已经完成了采购并开始学习使用B端产品。很多B端产品的运营到这里就停止了。然而，这个时候的运营能够帮助运营人员更好地进行产品优化并收集客户的意见，对提升口碑与促进产品迭代有非常多的帮助。

在B端营销客户决策路径中，运营人员都在做什么？为了让大家更好地理解运营人员在整条路径中所起到的作用，小新接下来帮助大家梳理一下运营人员在各个模块中承担的责任。

- **品牌建设模块**：通常在客户决策的前期，运营人员通过品牌建设及宣传，在客户产生业务需求并看到或寻找B端企业的解决方案期间，能够快速地让客户感知产品的品牌价值，促使客户产生兴趣。
- **内容运营模块**：这个模块实际上贯穿了整个B端营销客户决策路径，也就是说，无论是在客户看到或寻找解决方案之前，还是在客户的后续使用中，运营人员都需要提供持续的内容来服务客户，强化客户体验。
- **渠道通路模块**：渠道通路模块通常在B端营销客户决策路径的中间

部分，就是图 2.4 中从流程 2（看到或寻找解决方案）到流程 5（购买契机/下决心购买）的部分。运营人员需要通过不同的有效渠道精准触达客户并量化其转化的效果，包括设定目标、确定实施方案、数据评估、渠道改善等一系列措施。

- **客户经营模块**：客户经营模块通常指的是对客户在付费前后产生的一系列行为的预判、维护与管理工作。运营人员需要对产品端不同级别的客户制定不同的运营策略，以提升客户的留存率与转化率。
- **流程管理与维护模块**：流程管理与维护模块通常在 B 端营销客户决策路径的后端。在客户发生购买行为后，如何继续以标准化、制度化的方式更好地为客户赋能，帮助客户提升效率、降低成本，满足客户不同的需求，是运营人员在这个模块中承担的责任。
- **数据分析模块**：这个模块同样贯穿了大部分的客户决策路径。运营人员需要帮助业务人员通过数据持续提升业务价值，提高客户服务水平。

2.3.3　B 端运营体系核心框架

如果大家想更好地理解三个阶段的运营与运营的各种方法论之间的关系，可以参考图 2.5 所示的运营三阶段与运营方法论关系图。

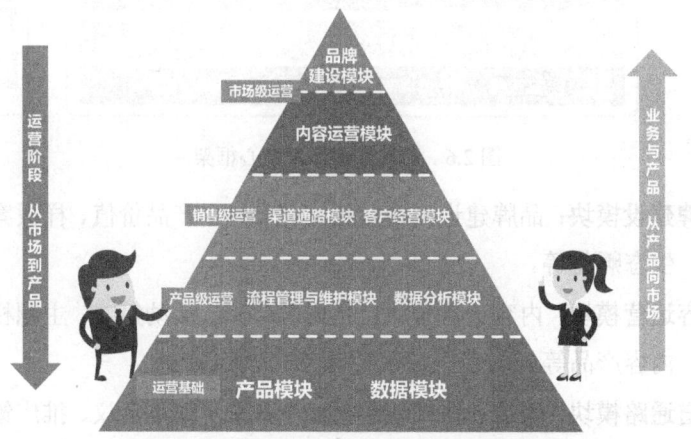

图 2.5　运营三阶段与运营方法论关系图

▶ 小新说运营：B端产品运营体系解析

产品与业务的逻辑方向和运营是相反的。产品与业务更加关注产品与数据是否完善，以更好地满足客户的需求。而运营的基础也是产品与数据。这些是运营人员提炼品牌与内容、打通渠道通路、进行客户经营的根本。

因此，产品与数据虽然没有直接参与三个阶段的运营，但是被看作整个运营体系的基础，也是运营能够持续下去的"弹药库"。接下来，我们具体来看整个运营体系中的各个模块。小新从B端营销客户决策路径的一系列流程中，提炼出六大模块，分别是品牌建设模块、内容运营模块、渠道通路模块、客户经营模块、流程管理与维护模块、数据分析模块，如图2.6所示。在每个模块当中，都有该模块所包含的方法论。关于这一部分，大家可以结合图2.4一同来看。

B端运营体系核心框架展示了运营人员需要做的工作，如图2.6所示。

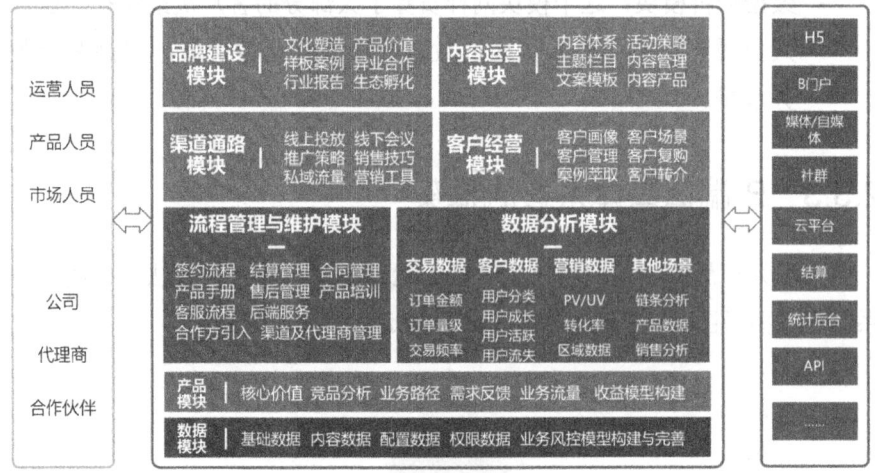

图2.6　B端运营体系核心框架

品牌建设模块：品牌建设模块包括文化塑造、产品价值、样板案例、异业合作、生态孵化等。

内容运营模块：内容运营模块包括内容体系、活动策略、主题栏目、文案模板、内容产品等。

渠道通路模块：渠道通路模块包括线上投放、线下会议、推广策略、私域流量等。

客户经营模块：客户经营模块包括客户画像、客户场景、客户管理、客户复购、案例萃取等。

流程管理与维护模块：流程管理与维护模块包括签约流程、结算管理、合同管理、后端服务、合作方引入等。

数据分析模块：数据分析模块包括交易数据、客户数据、营销数据和其他场景的数据搜集与分析。这些数据能够有效地帮助我们推动业务增长，是产品运营人员需要去实施的工作项目。

以上六个模块是以产品和数据两个模块为基础建立起来的。

产品模块：产品模块包括核心价值、竞品分析、业务路径、需求反馈、业务流量和收益模型构建。这些其实属于产品经理和产品运营人员都需要具备的通用能力。我们在后面的章节中会讲到产品经理与产品运营人员快速提炼产品的核心价值、快速针对友商产品进行分析和反馈的方法论。

数据模块：数据模块指的是业务底层的基本数据，包括基础数据、内容数据、配置数据、权限数据等。我们最终需要通过数据持续驱动业务增长，提升业务运营能力。

以上各类运营模块通过 HTML5 页面、B 门户、自媒体、社群等有效的对外传播载体，持续为客户赋能。这就是小新原创的 B 端运营体系核心框架。

2.4 给你一个未来

在学习方法论之前，小新想带着大家一起了解 B 端运营的未来。

在实际工作以及培训的过程中，小新接触了非常多的进行数字化转型的企业的运营人员与管理者。很多 B 端产品运营人员对自己所从事的工作有非常多的困惑。这些困惑会让运营人员不自信，让他们意识不到自己所处的 B 端运营已经成为一个新兴的、前景很好的岗位。

小新将一部分行业的 B 端运营人才招聘信息展示给大家，如图 2.7 所示。无论是腾讯、华为这种互联网大企业，还是一些垂直的金融公司等，对 B 端运营人才的需求量都非常大，提供的薪酬也很高。相对于 C 端运营，虽然 B 端运营人才的需求量大，但是从业人员相对较少，这也导致了目前 B 端运营人才的招聘缺口。因此，小新认为在未来五年内，B 端运营人才的需求量仍然非常大，并且随着数字化转型和 AI 等新技术的加持，需求量还会逐渐增大。

图 2.7　B 端运营人才招聘信息

首先，B 端运营人员需要积累细分行业的专业经验。B 端运营这个岗位目前的薪资以及对应聘人员的要求都预示着这个岗位如同当年的产品经理一般，走在需求的上升期，未来还将会进一步发展。因此，B 端运营人员系统化学习并且积累自己的经验，十分重要。

其次，B 端运营的趋势是垂直化运营。在上面，我们一同学习了 B 端运营体系，但是这个体系是需要根据不同行业进行调整的。一些行业可能在客户决策路径中增加或者减少一部分流程。行业属性不同，代表着运营体系与方法也不同。因此，B 端运营体系在未来可能会分行业来构建。当然，如今这一趋势刚刚呈现端倪，尚未形成垂直化运营体系。但是小新相信，在不久的将来，整个 B 端运营体系会根据行业更加垂直化、精细化。

第三，在未来五年内，数据将成为促使行业发展的驱动之力。数字化转型对企业来说非常重要。大家能够看到，近年来很多传统行业都呈现数据化趋势。数据图谱分析、数据大屏幕呈现等，都不再是新鲜事物。很多传统行业已经认识到了数据的重要性。因此，未来各行各业都会通过数据与服务加速数字化转型的进程。

最后，行业会完善生态化的能力构建。每个行业都会跨行业横向延伸至其他行业，进行跨界融合。比如，金融行业的数据与服务未来能够与零售、旅游、教育甚至医疗等行业进行有效的连接。未来 B 端运营将会创造更加广阔的价值。

第 3 章
B 端品牌建设体系及营销要素

大家读到这里，或多或少地在脑海中都有了 B 端运营体系核心框架。虽然这个 B 端运营体系核心框架有些单薄，但是胜在简明、扼要。有了这个 B 端运营体系核心框架，你就能够更加行之有效地补充内容，将个人优势与学习内容有效结合，进而形成个人独特的竞争优势。你还可以以这个框架为基础，演变出适合自己与所在企业的运营系统。

接下来，请大家跟小新一同进入 B 端运营体系核心框架的第一个模块——品牌建设模块。

一些已经有品牌的企业自然对品牌相当熟悉，然而，还有一部分企业暂未形成自身的品牌，也没有意识到品牌的价值。B 端产品如果有品牌的加持，就能够如虎添翼、反哺运营，为企业添砖加瓦。作为无形资产，品牌价值近年来的估值日渐走高，也说明了品牌建设的重要性。

品牌建设实际没有大家想象中的那么难，一部分人认为这一定要有专业团队进行各种关于 Logo、产品外观、VI 体系等一系列的设计才可以。诚然，这种看法有一定的道理，但是，小企业也可以进行自己的品牌建设，通过采用行之有效的方法，就能够形成一套适合自身的品牌体系。并不是花重金建设的品牌就是适合自己的品牌，很多大品牌也是从一个小作坊日渐发展而来的，但是品牌之魂从未改变。

3.1 品牌建设

提到品牌建设，你能够想到什么？首先，小新想让你回想一下，你所在的企业是如何介绍自己的产品或者品牌的？让我们一同看一个或许曾经发生在你身边的场景。

3.1.1 一个场景

在工作当中，许多业务人员应该都经历过这种场景：在与客户面对面交流时，想要第一时间传递自己的产品信息与诉求总会显得非常混乱，甚至慌张。在掏出名片的同时，拿出自家的产品手册一边向客户解释，一边观察客户，在讲到某一处的时候还要打开自家的官网链接，再给客户讲解一遍官网上的信息。一连串的动作加品牌介绍，不但让业务人员在整个交流过程中表现得特别"忙"，而且让客户也是一脸茫然，对业务人员的介绍根本听不进去。

所以，在商务交流和销售产品过程中，业务人员要想快速让客户理解你的企业形象与产品服务，就要给客户提供一个具有代表性、权威性的品牌展示。

在进行品牌展示时，我们需要考虑借助外部工具，以便证据充实、内容详尽地展现我们的品牌价值。

3.1.2 一个案例

我们来看一个品牌建设和营销的案例。

英特尔（Intel）以生产电脑的中央处理器而为众人所知，全世界有85%的个人电脑使用的是英特尔生产的芯片，英特尔已经成为当今世界IT产业中著名的品牌之一。

虽然生产一系列微处理器芯片是英特尔多年以来始终如一的业务，但是市场最初对它的品牌认同并不像今天这样。因为微处理器芯片不是一款面对最终消费者的产品，是属于B端产业市场的产品。消费者不可能去买芯片，只会买电脑。

其实很多人在买电脑时是不会关注芯片的参数的，也不会拿不同的芯片生产厂家做对比，如英特尔、AMD、其他厂家生产的芯片的差距有多大，多数人在使用过程中并不能感觉到不同芯片带来的差异。后来英特尔提出**整合营销传播战略**，这项战略就是著名的"内有英特尔"（Intel Inside）。

英特尔的整合营销传播战略是从1991年开始实施的，具体做法是要求众多电脑生产商在其生产、销售的电脑的说明书、包装和广告上，都增加"内有英特尔"（Intel Inside）的商标。如果电脑生产商将"Intel Inside"商标印在售出的电脑包装上，那么他们将获得高达5%的返利。在传播内容上，英特尔将"Intel Inside"设计成蓝色的字体，并且配上了著名的电脑开机声音。这一系列操作告知消费者电脑内部有英特尔生产的芯片，为消费者提供感知的价值。

这项整合营销传播策略极大地提升了英特尔的知名度，而且使英特尔的形象从单纯的芯片制造商转变为一种质量领袖。当每一个下游电脑生产商在它的产品或者包装上，注明"内有英特尔"（Intel Inside）商标时，实际上都在向消费者传输这样一种理念：购买内有英特尔芯片的电脑，无论从技术含量、稳定性上来看，还是从发热量上来看，都是一个最佳的选择。

这是一个经典的品牌营销案例。本来芯片是一个消费者在购买电脑时不太懂的专业术语，但通过这项整合营销传播战略，再加上自身强大的研发和生产能力，英特尔变成一个让人易懂的标识和质量认知。

3.1.3 品牌建设的核心价值

品牌对企业来说，是一种无形的资产，是消费者在脑海中对企业的印象。好的品牌可以为企业业务的增值发挥巨大的作用。随着市场的发展，消费者品牌意识的增强，品牌建设显得尤为必要。

品牌建设指的是对企业品牌及业务价值进行设计、宣传、维护的行为和努力。

品牌建设虽然是一项复杂的系统工程，但是，如果企业从一开始就注重品牌的建设，将有效地降低以后企业品牌的导入成本。大企业采取的最直接的"电视广告"等营销手段，对缺少资金的中小企业来说，显然不实际。其实，不管是电视广告，还是媒体宣传，都是为了提高企业品牌的曝光度，强化消费者对该品牌的认识。

因此，中小企业在日常经营中，可以采取一些更为实际的手段，增强目标客群对企业品牌的感知。

所以，**品牌建设的核心价值就是通过品牌建设提升目标客群对品牌的信任感**。

那么，品牌建设是如何开始的？如果企业有品牌体系，就比较容易；如果是中小企业，产品刚刚落地，品牌建设才刚刚开始，那么要如何进行品牌建设？

3.2　B端品牌建设的误区

- 误区一：品牌建设是大企业的事，中小企业应该以经营为主。

因为工作的关系，小新走访过很多企业，大家对品牌建设的理解存在一些偏差。比如，广州某企业的管理者提道："品牌建设必须投入大量的人力、物力，通常我们中小企业无法接受，像华为、富士康这样的大企业才可以去做，所以我们还是把钱用在刀刃上吧。"

这个观点其实是错误的，品牌建设还是可以基于自身企业的特色，以少量的资金投入来实施的。不要效仿同类大型企业，一定要量力而行，也一定要坚持。

罗马不是一天建成的。你看到的大品牌也不是一朝一夕就人尽皆知的，品牌建设的道路非常漫长，不开始建设就一定没有品牌。因此，中小企业也可以开展品牌建设。

- 误区二：先进行生产和销售，后进行品牌建设。

苏州一家来料加工型企业的管理者提道："企业品牌不重要，我们先重视产品生产和销售，多积累资本，毕竟企业日常经营最重要，等未来需要品牌建设的时候再说。"

这也是很多企业都存在的一个误区。这是一个很矛盾的问题，很多客户在选择你的产品时，不仅仅看产品的价格，更看中企业的实力与核心竞争力。换句话说，也就是看企业靠不靠谱。从这个角度切入，品牌建设是企业对自己硬件优势和软实力的展现。所以，企业只有通过品牌的持续建设，才能够让客户感知到产品的价值。

其实，生产和销售与品牌建设是可以同步进行的，甚至能够互补，共同发展。

- 误区三：在产品出来之后，意识到品牌建设很重要，立马就要进行品牌建设。

在仓促中开始品牌建设要不得。小新经常看到一些企业在产品出来之后，要准备参展或者接待客户了，需要一个企业展示或者品牌说明，于是业务人员匆忙地找到市场部或者运营部，要求其弄一个企业展示或者品牌说明出来。

一家来自深圳的金融服务公司的管理者提道："缺乏品牌建设与营销体系，很可能会导致企业品牌的概念模糊、形象不鲜明，削弱了品牌的竞争度。"

小新很认同这个观点。很多企业做品牌营销的过程不够体系化，今天发一篇软文，下个月再去参加一个还不错的行业展会。这种没有人主导、东一榔头西一棒槌的营销方法，到最后也不会产生什么营销效果。我们说，有营销就一定有评估和改善,这样的营销方法感觉好像没有错过什么,但实际上错过了很多。

品牌建设是一个持续的构建和推广品牌的过程。无论是大中型企业,还是小型企业,都需要学习一套体系化的品牌建设模型。最好在创业早期为自己的产品制定一个推广策略,而不是等到最后,在产品真正上了战场后才去制定。

- 误区三:品牌建设需要多看案例,然后将其转化为自己企业的就可以。

小新在看 B 端各类企业的品牌建设案例时发现,大量的案例其实并不适合某些中小型企业。企业的属性不一样,它们的品牌建设与营销偏好也是不一样的。一味地仿照某些品牌建设的成功案例,反而"画虎不成反类狗",企业管理者只有找到属于企业自己的道路,找到合适的品牌定位,再针对这个定位进行品牌建设,才能达到最好的效果。

3.3　B 端品牌建设与营销

在开始讲解 B 端品牌建设与营销之前,我们要先了解一下企业所在行业的现状,以及客户群体的规模。因为不同的行业、不同的产品,都有品牌建设与营销的独特节奏。按照节奏去做,品牌建设与营销就可能事半功倍;"乱弹琴",就可能影响企业在客户心中的形象,引起反效果。

3.3.1　营销偏好

如上文提到的品牌建设的误区,不是所有企业都适合广告轰炸或者线上营销,B 端企业更是如此。因此,我们需要对品牌建设与营销的节奏进行区分,这样就有了营销偏好的概念。

根据所属的行业不同,企业的营销偏好可以分为三个类别:少量传播、适中传播、大量传播,如图 3.1 所示。

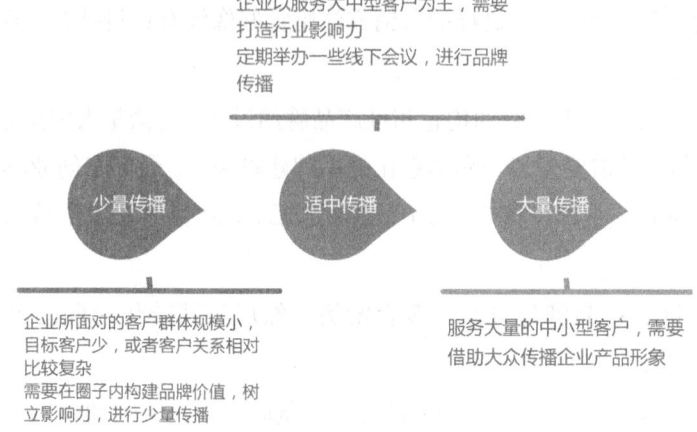

图 3.1 不同属性的企业的营销偏好

- 少量传播

垂直细分领域的企业所面对的客户群体规模小，目标客户很少或者客户关系相对比较复杂。这种企业在进行品牌建设的时候不需要进行大量品牌营销。它们只需要在自己的圈子内构建品牌价值、树立影响力、进行少量传播即可，这是这种企业的营销偏好。

- 适中传播

一些 B 端企业以大中型客户为主要的服务对象，它们需要打造行业影响力，所以这类企业通常需要定期举办一些营销类的线下会议。比如，医疗行业的主要服务对象是医院、社区康复机构等，那么就需要定期举办一些线下会议，通过会议营销来持续传播企业的品牌，增强企业在该行业的影响力。

- 大量传播

还有一些 B 端企业需要服务大量的中小型客户，如腾讯云、阿里云、为中小卖家提供服务的商贸类 SaaS 平台。这类企业需要借助大众传播企业产品形象，进行大量且持续的品牌建设工作。这类企业进行的品牌建设特别像 C 端产品的品牌建设，需要大量的传播。

因此，在进行品牌建设与营销的时候，大家需要根据所在企业的自身特性、客群定位等因素制订合适的品牌营销计划。

3.3.2 B端品牌建设与营销的流程拆解

在大多数情况下，在明确了企业的营销偏好之后，一个没有自身品牌的企业首先要做的工作是品牌定位。但是，在进行品牌定位之前，小新想带着大家来看一看B端品牌建设与营销的流程，如图3.2所示。

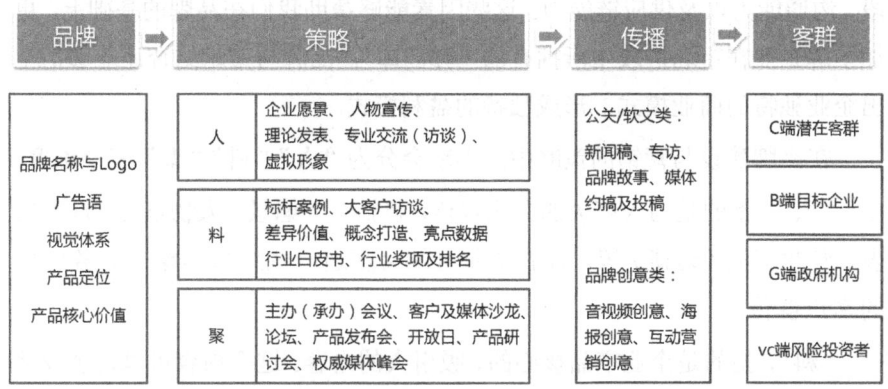

图 3.2 B 端品牌建设与营销的流程

B端品牌建设与营销的流程可以分为品牌、策略、传播和客群四个部分。

1. 品牌

在进行品牌建设与营销之前，我们需要把企业品牌的一些基础信息梳理出来，如品牌名称与Logo、广告语、视觉体系等。在宣传之前，我们需要确定B端产品定位及其核心价值。

在这个部分中，最重要的问题是我们应该怎么去**定义产品的核心价值**。产品的核心价值一定要涵盖产品的差异点，这个差异点是产品能够在市场中脱颖而出的重要部分。在定义产品的核心价值之后，再通过相关的策略将其传播给目标客户群体。这个过程实际上就是企业的品牌定位过程，是一个企业了解自身在所属行业中处于什么位置的过程。

正所谓"知己知彼，百战不殆"，一个好的品牌定位，能够帮助企业在红海战场中脱颖而出，或者发掘一片蓝海。

2. 策略

策略就是在定义核心价值之后，我们通过哪些手段把品牌建设的内容更好地呈现出来。

在策略上，我们需要明确企业提供的产品、服务、品牌、价格、激励手段、沟通能力以及供应链能力。这些因素能够帮助我们在品牌的基础上，更加了解企业在市场进攻中所拥有的"弹药库"。品牌与策略结合还能够衍生出企业独特的商业模式，形成独特的盈利模式。

在品牌建设与营销的策略中，小新会分为"人""料""聚"三个维度。

"人"，指的是与人有关的文化宣传，包括企业愿景、人物宣传、理论发表、专业交流（访谈）等。有的企业可能会塑造一些虚拟形象来服务广大的客户群体。

"料"，指的是企业产品核心的、吸引人的内容。这个内容可以是企业萃取的成功案例，并将其作为行业标杆案例进行推广。我们也可以通过访谈的形式来获取客户对企业产品的肯定，从而提升品牌和业务的影响力。

"聚"，指的是线上或者线下的一些聚集类的活动。比如，企业通过主办或承办一些会议、沙龙、论坛等来吸引客户的注意力，提升品牌价值。

这些小新在下文中会进行详细阐述，让大家更加详细地理解这三个维度以及具体方法。

3. 传播

传播指的是"人""料""聚"三个维度产生的内容的最终传播载体。

传播通常分为两个方面。一方面是公关、软文类，包括新闻稿、专访、品牌故事、媒体约稿及投稿。另一方面是品牌创意类，包括音视频创意、海报创意、互动营销创意。

4. 客群

客群指的是企业基于自己的品牌建设内容来思考想影响的客群究竟是哪一类，以及希望升级哪一类客群。

我们通常将客群分为四种类型，分别是 C 端潜在客户、B 端目标企业、G 端政府机构，以及 VC 端风险投资方。

不同客群的传递方式和渠道也不同。有一些企业做品牌营销的目的是吸引风险投资方为他们进行注资，双方开展更进一步的资源合作等。这些企业需要特别思考 VC 端风险投资方的需求，通过合适的策略进行品牌建设与营销，达到吸引 VC 端风险投资方注资的目的。

3.3.3 品牌——行业识别系统的建立

企业如果没有深刻思考自己的定位、所处环境以及自身状况，是不可能建设一个出色的品牌的。

品牌建设不能一味地追求"高大上"，符合企业自身特性的品牌，才是好品牌。

品牌运营战略一般都建立在 STP——市场细分（Segmentation）、目标市场选择（Targeting）和定位（Positioning）的基础上，这些能够帮助企业明确群体目标、需求重点，使目标市场的认知与企业提供的产品和形象相契合。抢夺客户心智能够提高客户价值与满意度，提升复购率。然而，B 端产品的市场细分和目标市场选择通常都已经完成。因此，小新在这里着重讲解 B 端品牌定位。

1. 品牌定位

品牌定位是通过市场调查、设计公司的产品和形象，使品牌在目标市场中占据一个独特位置的行动。其目标就是将品牌的积极形象留在消费者心中，该形象能够阐明品牌精髓、产品核心，并且能够以独特方法解决消费者的问题或者满足消费者的需求。品牌定位能够指导后续的营销战略，因此，企业中的每个人都应该理解品牌定位，并将品牌定位作为运营决策依据。

营销大师菲利普·科特勒曾这样描述好的品牌定位：一个好的品牌定位既"立足于现在"，又"放眼于未来"。

那么，如何确认一个品牌定位是好的呢？一种有效的定位度量方式是品牌替代测试。如果在某个市场活动或者营销活动中，无论是通过广告活动、病毒视频，还是通过新产品引进，某个品牌都能够被竞争品牌替代，那么这个市场活动或营销活动就不应该开展。如果品牌冠名一个会议，这对竞争对手来说一样适用，要么是因为这个品牌的定位不够精准，要么是因为这个会议的主题与该品牌定位并不十分契合。如果一个 B 端品牌想要通过冠名会议的方式推广品牌，需要特别注意会议的主题和流程，必须凸显品牌定位，使得该会议在众多会议推广中独树一帜、凸显品牌。

那么，如何进行 B 端品牌定位呢？小新的答案是先了解自己。我们可以通过营销战略设计图谱与品牌建设表，进行以品牌建设为核心的整体战略设计。

2．品牌建设

行业识别系统的建立是一项非常复杂的工程，蕴含诸多细节，整个体系非常成熟。如果单写品牌建设，大家可以参考这方面的书籍去补充细节。

小新在这里只简述品牌建设的流程以及几个重要的步骤，以帮助没有品牌的中小企业进行品牌建设。

品牌建设是有一个流程可以参考的，这个流程就是图 3.3 所示的营销战略设计图谱。这个流程是根据营销管理框架搭建的。营销管理框架也适用于品牌战略设计。其中，G-STIC 是一个营销管理系统，能够帮助运营人员进行各个运营目标的管理。

大家可以根据营销战略设计图谱逐条自检，完成初步的战略规划。而战略规划中的具体问题如表 3.1 所示。第一个问题是关于整体描述的。如果你使用此表进行品牌建设工作，那么就回答企业品牌建设工作中最重要的部分是什么。比如，是品牌建设的完成度、品牌内容输出，还是服务体系的建立？

我们可以通过制订一个计划，先进行品牌内容输出，再进行内容和文件的确认，最后再整理流程、规章、服务体系等，一步步将整个品牌打造完整。

第 3 章　B 端品牌建设体系及营销要素

图 3.3　营销战略设计图谱

品牌建设表（见表 3.1）特别适合企业用来制订规划或者计划，这个表格特别好用。如果第一个问题是品牌建设问题，那么这个表格就能够用于品牌建设工作并对其进行量化。如果第一个问题是运营计划方面的问题，那么也可以把这个表格当作营销信息汇总表。其中很多项目是通用的，某些项目能够根据实际目标进行替换。但是，最后的展示部分一定是需要明确输出的文件、可以量化的指标和反馈等。

大家可以通过搜集企业及其产品的信息，进行品牌的深入思考，并且一步步地给运营部门制订计划，有效地进行输出和控制。

表 3.1　品牌建设表

Executive summary 目标简述					
企业品牌建设中最重要的部分是什么						
Situation Overview 现状纵览					
企业历史：		公司	竞争环境：		市场
企业文化：	提供：	持续活动：	决胜部分：		
Goal 目标					
在企业提供的众多产品与服务中，最重要的是什么		集中点	达成上述目标需要的标准：		标杆
详述该重点表现的标准：			ISO、RoHS		
Strategy 战略					
确认目标客户、竞争对手与合作方		目标市场	企业对目标客户、合作方以及自身的价值主张是什么		价值定位
企业资源与环境如何						

小新说运营：B端产品运营体系解析

续表

Tactics 策略			
明确企业提供的产品、服务、品牌、价格、激励手段、沟通能力以及供应链能力			市场供应
Implementation 实现			
围绕企业提供的产品、服务、品牌、价格、激励手段、沟通能力等来描述发展，展现企业成长力	发展	明确企业流程。提供服务、出货、售后等一系列流程	部署
Control 控制			
将部署模块与目标大模块进行对比企业如何通过流程化实现了目标？如何评估、量化指标	表现	对机会与威胁的监控机制明确监控指标，量化指标并建立监控机制	环境
Exhibits 展示			
细节决定成败：整个计划需要输出的文件有策略中的产品图册、服务体系、品牌展示、价格阶梯表、销售激励因素、沟通培训安排等各种可以标示、细化、可视化的完成方案。还有部署中各种关于服务、出货、售后的企业流程图，它们明确了流程负责人、流程中的上下游如何沟通、责任如何传递等。			

小新在这里针对B端品牌建设进行工作总结。

- 按照营销战略设计图谱，撰写初步营销战略，内容包括战略目标简述、行业现状分析、目标、战略详解、策略（可简略）、实现计划（简略，可以以年为单位）、控制、展示内容。
- 将实现计划、展示内容等工作按照优先级进行分类（这样做是为了更好地填写品牌建设表）。
- 进行品牌建设表的设计工作。根据完成的营销战略设计图谱，将战略细化，这个时候可以开始写每一步实现的策略。品牌设计表就是为了策略能够有效输出、内容能够按期进行输出而设计的。
- 按照品牌建设表中的控制与展示部分进行管控，并且评估展示部分输出的内容。
- 在完成品牌建设表后，可以进行下一步的品牌建设工作，并且慢慢完善品牌内容。

按照小新的工作总结，中小型企业即使没有一个强大的品牌部，也可以通过循环利用品牌建设表，进行品牌内容的持续输出。

3. 品牌要素

品牌要素是品牌被人所感知的各种要素的综合体，它们能够帮助客户增强品牌感知并形成独特的品牌联想。

1）品牌名称与Logo

通常在做品牌营销之前，需要在内容中体现品牌名称与Logo，并将其作为品牌感知的第一要素。大家可以看到很多B端产品或者业务都把自己的Logo放在企业的营销策略中，如腾讯云、亚马逊、阿里云、智能家居解决方案服务方C-life，如图3.4所示。

图 3.4　品牌Logo图例

关于这些Logo，很多人可能会说找个设计人员设计一下就好了。其实不然，我们可以看到，云系列选取的颜色是蓝色和橙色，蓝色代表信任，橙色代表友好。因此，这两种云业务都在通过Logo的颜色表达一种理念：我们是值得信任并且十分友好的。这是云业务最主要的品牌联想——保护用户隐私、好用、容易接入各种终端。

关于品牌Logo的颜色，我们可以通过表3.2进行思考与选择。品牌想要表达的理念与联想并不是一成不变的，我们在选择颜色时尽量少使用纯色，可以交错使用几种颜色。

表3.2　颜色联想表

颜　　色	引发的联想
红色	增加食欲、爱、热情、激情、激动、年轻
蓝色	男人喜欢的颜色、高产、抑制食欲、信任、可靠
绿色	宁静、健康、金钱、自然、生产力
棕色	可靠、无聊、务实、大地
白色	纯粹、空、清白、有创新空间
黑色	魔鬼、死亡、哀痛、减肥
黄色	亮眼、能量、婴儿哭泣色、乐观

续表

颜　　色	引发的联想
橙色	兴奋、热心、温暖、自信、友好
薰衣草色	安抚神经、放松、冷静
紫色	皇室、财富、成功、智慧
粉色	女孩的颜色、平静、温暖

通常，当你的客户趋向于选择某种类型的颜色时，我们可以用更加沉静并且能够与它互补的色系进行创作。

关于B端品牌Logo，需要注意以下几点：

- 化繁为简，要素宜少不宜多。
- 注意颜色联想，避免选用冲突色系。
- 关注客户Logo的颜色，选用互补色系或者相同色系，以摆放在一起柔和、美观，能够衬托客户Logo的颜色。
- 注意留白，极简风的设计语言更加适合以行业为战地的B端品牌。

品牌有很多种起名方式。无论是C端品牌，还是B端品牌，大多遵循着表3.3所示的起名方式。据小新观察，近年来互联网品牌的起名方式以无厘头或者把宠物作为品牌名称为主，如小米等。当然，大家可以根据自身的特点和原有品牌的名称进行创新。

表3.3　品牌的起名方式

起名方式	定　　义	举　　例
描述	对产品或服务端进行描述	阿里云、腾讯云
比喻	品牌属性或者象征的代表	英菲尼迪（Infiniti意为无限）
名字	C端品牌名字借用或人名	阿里云、米家、福特
无厘头、任意	现实世界中还没有的品牌名称	苹果、骆驼、小米
虚构词、联想词	自创词	朗讯科技、声破天、百度
合并词	两个词合并或交错	脸书、天猫、一加
新发明词语	现实世界没有的词，全新词语	Exxon Mobil（克森美孚公司）

2）广告语

广告语不仅传播了品牌形象，而且促进了产品品牌自身信念的建立。很多与我们合作的企业会依照广告语来评估我们的整体形象和实力。

腾讯云的广告语是"产业智变，云启未来"，表达的是科技为产业赋能的决心与信心。

六度是一家做 CRM 平台的企业，它的广告语是"专为中国销售打造的成交利器"。

慕思寝具的产品不仅面对 C 端消费者，还面对很多 B 端合作企业。它今年的广告语升级为"健康睡眠资源整合者"。慕思寝具希望通过提倡健康睡眠的理念，运用 AI、大数据、智慧家庭等科技更好地服务整个寝具产业。

一个好的广告语通常具备四个要素：

- 为品牌量身定做或者能够表述战略。
- 能够使品牌更加具象或者精准。
- 易于传播并且能够触动某些人的内心。
- 能够增强品牌联想或者有戈培尔效应。

看到这四个要素之后，我们再反过来看上面关于广告语的例子，你觉得这些例子是否有进步空间？你能想到更好的广告语吗？

或许你已经找到了挑剔点，能够看出哪条广告语应该改进。那么，应当如何改进？创作广告语有没有基础法则？难道一句顺口溜就行吗？当然不是，广告语也有自己的法则。广告语的七法则是**短**、**异**（与竞争对手不同）、**独**（独特）、**播**（易于传播）、**积极**（从公关角度看，不能有异议）、**保护**（可以通过技术手段或者法律手段进行保护）、**情感**（能够引起共鸣）。讲到这里，相信各位读者能够感受到，广告语的核心价值就是能够有效地对客户进行正能量输出。

3）视觉体系

在宣传期间，完善的视觉体系不仅能够起到装饰作用，更重要的是具备快速传播和升级品牌的功能，甚至能够更准确、更便捷地将企业定位、品牌定位植入消费者的心智，所以视觉体系也是我们在做品牌营销之前需要重视的因素。

▶ 小新说运营：B端产品运营体系解析

关于创建品牌的视觉体系，有的企业选择请设计团队对企业整体进行包装、完善。这样做的好处是非常有格调，整体感佳，好的设计肯定能够提升品牌的识别度和客户的感知度。如果小企业付不起动辄几十万元、上百万元的设计费，应该怎么办？

请回到上文关于品牌Logo的内容中，选定色系，再从色系中提取几个代表色，进行颜色拆分，找到最佳品牌用色、互补色以及禁忌色，并且形成一套企业自身的颜色使用规范。这样做的好处是以后在软硬件、UI或者包装上，再也不会出现"颜色开会"的现象，而是有一套颜色使用规范可参照。这样同样能够建立适合企业发展的视觉体系。

4）产品定位

在聊完了品牌名称与Logo、广告语、视觉体系这些非常感性的品牌要素之后，我们还需要确定产品定位。那么，什么是产品定位呢？

在互联网上有很多对产品定位的理解，大家可以搜搜看。小新对产品定位的理解其实就是一句话——产品是什么、有什么，以及为谁提供什么。

为了让大家理解，我们先举一个C端产品的案例，如QQ音乐。在该案例中，我们对上述三个问题一一回答。

- 产品是什么？

QQ音乐是中国目前最大的在线正版数字音乐服务平台，这是产品给自己的一个定义。

- 产品有什么？

QQ音乐的核心资源包括曲库的数量、歌曲版权等，这些都是QQ音乐的核心壁垒。

- 为谁提供什么？

这个问题指的是产品所服务的客户细分群体。QQ音乐为年轻的用户提供高品质的音乐试听、音乐社交服务。

这三个问题能够帮助企业更好地面对自己的产品、了解产品的定位，这样也能够反哺品牌要素，提供更多的内容，为下一步的营销做好铺垫。

那么，这样的定位就可以了吗？会不会跟别的产品有冲突？

这个问题其实涉及了产品的内核。产品在生产出来之前，一定经过了市场调研、竞品分析、立项申请等诸多步骤，但是有些产品的交付周期非常长，以至于到了营销这个环节，市场状态已经改变，同类产品可能已经出来了几个。那么，作为运营人员，我们有什么方法进行调整呢？

小新接下来要介绍一种方法，这种方法非常好用，并且能够对产品从品牌和市场的角度进行迭代调整。这种方法叫作**感知地图**。

分析品牌定位与细分市场之间的关系的感知地图，既能够帮助运营人员直观地看到客户的感知与偏好，又提供了对市场状况的定量描述，以及展示了消费者看待不同产品、服务和品牌的多重维度与方式。

为了帮助大家更好地理解感知地图，小新引用了经典案例——关于啤酒品牌的感知地图与重新定位。

首先，需要选取品牌和产品的两个不同维度进行分析。这两个维度是品牌和产品在市场上最容易被消费者感知的部分。当然，有些运营人员选取了更多的维度，可以进行多次二维分析，也可以进行三维分析。这取决于产品的复杂度，以及运营人员的能力。在这个案例中，品牌维度选取的是传统形象与现代形象，产品维度选取的标准是口味的不同：重口味与淡口味。

大家可以看到，在图3.5中，品牌有四个，分别为A、B、C、D，我们要分析的品牌是A品牌。A品牌基本上处于重口味与淡口味的平衡点的位置，也处在传统形象与现代形象之间。A品牌达到的这种所谓的平衡看起来好像很便于营销，实则不然。这样的平衡意味着A品牌没有给消费者留下什么印象，重口味消费者想不到它，淡口味消费者觉得它不够清淡。而且我们能够看到品牌D非常好地契合了3号市场的需求，品牌C与品牌B也与对应的2号市场与1号市场相契合。

A品牌想要更好地参与竞争，就需要调整品牌的定位。这与产品设计之初的调研完全不同，是以运营为主导的调整。

我们看到在图3.5右侧的图形中，A品牌要么进行口味调整，成为A"，要么进行品牌形象调整，成为A'。对生产啤酒的企业来说，调整口味变动过大，因此，该企业很可能采取调整品牌形象的措施来适应市场。

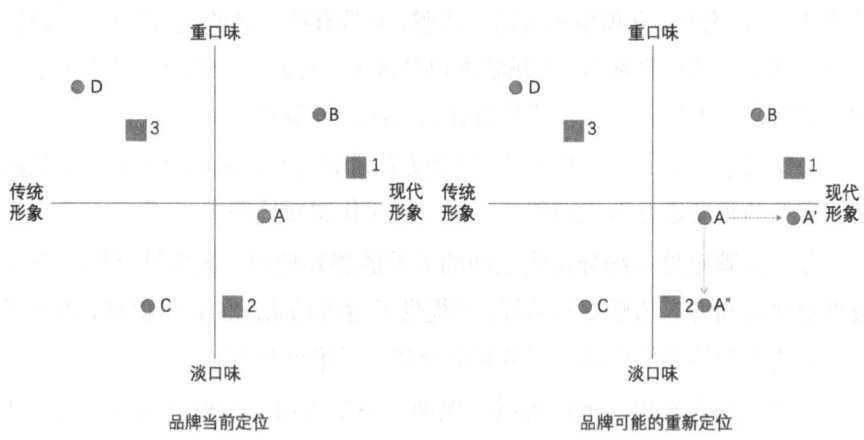

图 3.5 感知地图示例

那么,具体到自己的品牌与产品中,如何进行选择就要看企业对产品、品牌、资源等的投入、决心,以及竞争对手的意图了。哪个选择带来的变动成本低选哪个,或者哪个选择带来的市场潜力大选哪个,大家可以自行分析。

在大家把产品定位明确之后,对接下来的宣传策略就会有人致的思考方向和框架。

5)产品核心价值

品牌的核心价值需要进行提炼。品牌核心价值提炼指的是企业将提供的产品或服务的核心价值**要素**提炼出来,并融合到宣传策略里。这些要素不仅是产品或服务所具备的核心价值,还是企业自身的核心竞争力。友情提示,当企业的核心竞争力还没有达到稳定并且形成一定壁垒的时候,这样的提炼可能引起大家的效仿。

关于如何建立竞争优势的思考维度主要有以下六点,供大家在自己的行业中进行思考。

- **成本领先**:大型商超,如德国的 Lidl 以价格低廉著称。
- **质量定位**:品质过硬,如德国制造。
- **多样化定位策略**:可以客户化定制或者完全没有定制,如耐克提供的线上颜色定制。

- **速度定位策略**：比如，美团外卖和顺丰速运。
- **创新定位策略**：比如，苹果、谷歌都以创新著称。
- **其他价值定位**：如社交定位。现在的各种社交软件对社交、引流比较重视。

对一些读者来说，上述六点可能太过宽泛。当然，如果针对 B 端品牌有更加细分的思考维度，小新也会提供给大家进行参考，如图 3.6 所示的品牌核心价值提炼要素。

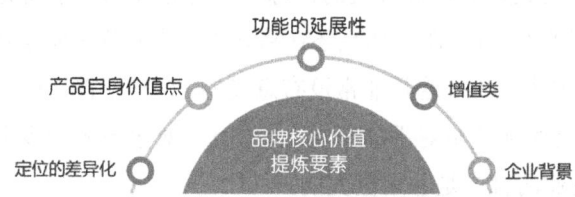

图 3.6　品牌核心价值提炼要素

接下来小新详细为大家阐述图 3.6 所示的品牌核心价值提炼要素。

- 定位的差异化

比如，某企业与同行业中其他企业的客户群体、服务内容有差异，可以参考上文提到的六点进行思考，深入进去，把差异化做大，并且形成优势。

- 产品自身价值点

产品自身价值点指的是企业的产品实力，比如，产品功能强大、技术实力雄厚能够帮助客户大幅地提高产能、提高效率。

- 功能的延展性

功能的延展性其实是产品自身价值点的延伸。功能的延展性足够好的表现是什么呢？对 B 端产品而言，API 对接能力、交互设计、用户体验等方面足够优秀，都属于产品自身价值点的延伸，可以放到品牌上，形成优势凸显出来。

- 增值类

增值类指的是服务体系或者流程化、系统化的一些东西。对客户服务的个性化也可以萃取其核心价值。比如，24小时客服服务，更加精细化、体贴的服务等，都可以形成其自身的核心价值。

- 企业背景

企业背景足够强大、企业历史悠久，或者企业不只生产一种产品，生产多种产品，可以将多种产品相互搭配为客户服务，增强客户对企业与产品的信心。

核心价值提炼的前提是产品或者服务真正能够帮助客户快速、高效地解决问题，否则我们对核心价值的提炼是没有意义的。小新见过太多的公司，产品原型刚刚出来，服务体系还在搭建中，就火急火燎地开始提炼产品的核心价值并进行宣传，这是非常没有意义的。这样不仅造成客户对你的期待值过高，还会引起竞争对手的警觉。如果竞争对手抢先一步形成类似的优势，那么对企业的打击是非常巨大的。

反过来思考，如果先制定战略，然后要求自己的产品与服务跟上这个战略，形成竞争力，并且进行评估，在达到标准之后再进行宣传与推广，也是可以的。

4．品牌建设工具

至此，你或许积累了非常多关于品牌建设的资料与信息。那么，如何运用这些资料与信息？这些资料与信息会不会被各种运营个体进行发挥，影响了品牌建设？

答案是可能会，而且经常发生。这就需要我们进行心理地图的绘制。那些资料与信息之间如何互补、彼此成就，就需要用到心理地图、品牌真言、品牌靶盘这些品牌建设工具。

在经典的营销管理书籍中，大多数的品牌建设流程是：

心理地图——>品牌价值提炼——>品牌真言

按照这个流程，企业要先设立市场部、品牌部和运营部。然而从本土化运营策略的实施来看，大多数企业都是先有了产品体系、服务体系，然后才开始思考如何建设品牌、进行运营，因此才来寻求B端运营的帮助去进行产品与品牌的营销。

小新将上文中的品牌建设流程进行了调整,以便更加适合 B 端产品的运营。

调整后的品牌建设流程为:

核心价值提炼——>心理地图——>品牌真言

请注意,这里的"核心价值提炼"前面没有"品牌"两个字。因此,这就需要运营人员从企业、产品的核心价值体系中去进行提炼,并按照上文提到的几个维度进行思考,然后绘制品牌的心理地图。

1)心理地图

什么是心理地图呢?心理地图绘制出品牌联想及目标市场对品牌联想的反馈,以此显示出品牌是如何通过产品或者服务被感知的。

心理地图需要把品牌要素、产品信息,以及受众的感知绘制出来,可以通过问卷调查询问目标受众在提到品牌名称时想到的是什么,并以此为要素进行绘制。

尤其需要注意的是,如果问卷的回答中有负面联想,是需要通过运营手段进行调整和优化的。心理地图能够由外向内地帮助企业对品牌进行内部调整,消除不良影响,强化品牌核心价值。

图 3.7 所示是某快餐连锁品牌的心理地图。我们能够看到,该心理地图包含的信息很多,有品牌、产品、价值、品质等因素。这有助于品牌方了解客户对该品牌所在乎的是什么,以及通过何种服务和产品去加深客户的这种认知。

心理地图能够帮助运营人员与各个部门进行沟通,告知各个部门品牌的核心价值是什么,有益于整个公司在进行品牌建设的时候达成一致。此外,当品牌的核心价值没有被消费者所认知时,运营人员需要通过进一步的营销植入强化品牌的核心价值。

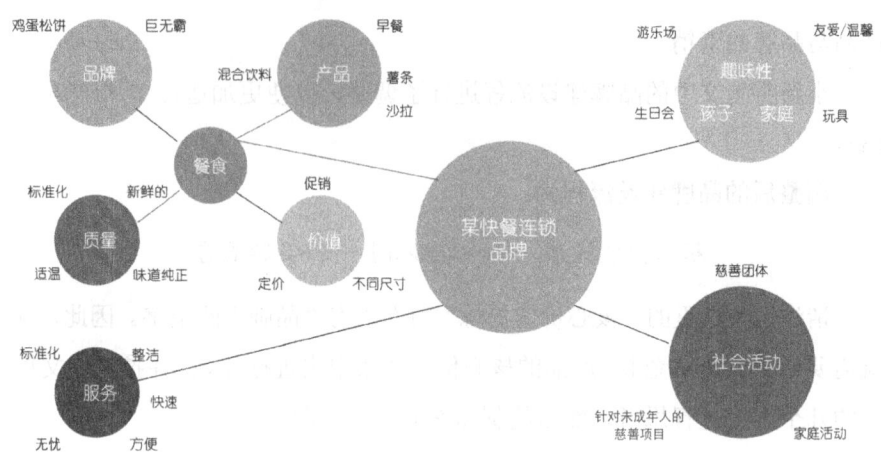

图 3.7 某快餐连锁品牌的心理地图

2）品牌真言

品牌真言代表着品牌的灵魂与核心。为了方便记忆与执行，品牌真言在一般情况下是不会轻易变更的，它不像品牌的广告语，会随着产品或者社会的变化进行更迭。

品牌真言有点儿像品牌要点或者核心价值，传统的品牌真言通过 3~5 个短语或者句子进行描述，然而在现实实践中，用户根本无法感知到超过 3 个以上的品牌真言。因此，小新建议大家将品牌真言控制在 1~3 个之间，通常 3 个是受众能够感知的极限。

品牌真言的举例如下所示。

- 微信的"微信是一种生活方式"。
- 支付宝的"简单、安全、快速"。
- 星巴克的"丰富、惬意的咖啡享受"。

品牌真言是通过最简单的词汇对品牌进行的定义。大家需要考虑的是品牌真言是否便于交流、足够简单，并且能够激发各种灵感或者联想，而不能仅仅将其看作一个名词。

在这里，小新从三个维度对品牌真言进行思考，这三个维度分别是品牌功能、品牌描述、情感描述，如表 3.4 所示。

第3章 B端品牌建设体系及营销要素

表3.4 品牌真言案例

	品 牌 功 能	品 牌 描 述	情 感 描 述
某运动服饰	可靠的	运动员	性能
某主题游乐场	乐趣的	家庭的	文娱
某连锁快餐	乐趣的	大众的	食品

大家可以通过表3.4所示的品牌真言实例看到三个思考维度所带来的结果。大家可以通过这种思考，去选取合适的品牌真言，当然也可以通过这种思考将三个维度通过一句话进行描述，便于组织内部的记忆与理解。

3) 品牌靶盘

品牌靶盘能够帮助企业中的每个人对品牌定位形成充分并有效的认知。品牌靶盘提供了品牌与竞争对手间的异同点和证据描述，将整个品牌更加生动地表现出来，并且描述了理想化的消费者认知。换句话说，通过品牌打造所做出的各种努力，是能够培养出理想化的消费者认知，从而达到改变消费者心智模式的目的的。

我们用《营销管理》中的某连锁咖啡品牌的案例展示品牌靶盘，如图3.8所示。该品牌靶盘包含了品牌真言、共同点、差异点、证据描述、价值观或性格描述，通过心理影响打造出理想的消费者认知。

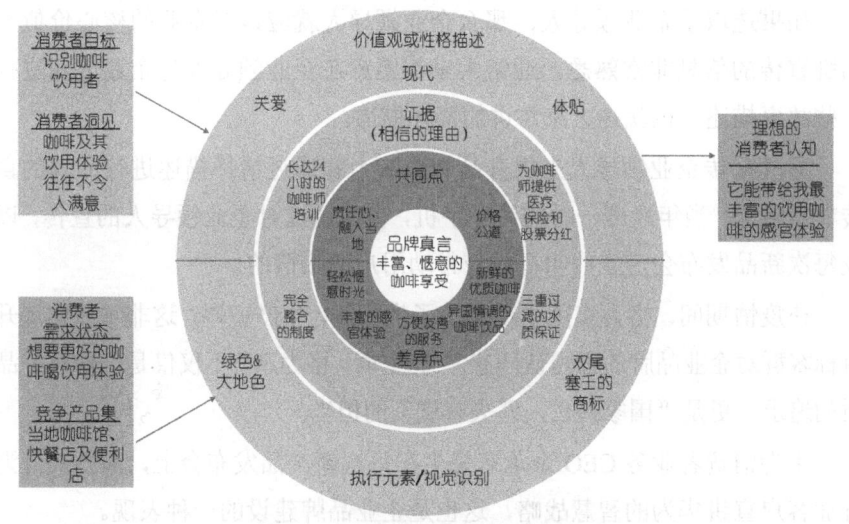

图3.8 某连锁咖啡品牌的品牌靶盘

通过品牌靶盘，我们能够了解打造消费者认知需要什么样的证据，从而推动企业内部进行产品、服务、售后等的升级或者数据化升级，满足消费者的需求，完善品牌建设。

关于品牌靶盘如何做，大家可以关注小新的公众号获取。小新会逐步推出各类方法论的线上版本，帮助大家快速思考并制作出适合传播的宣传内容。

3.3.4 策略——从三个营销维度实施品牌建设

在策略层面，小新会从"人""料""聚"三个营销维度来实施品牌建设。之前我们一直在充实"品牌弹药库"，现在可以进入实际的策略实施阶段，从不同维度交错完成品牌建设的宏大任务。

1．从"人"的营销维度实施品牌建设

"人"的营销维度指的是通过对关键人物和服务型人物的塑造，完成企业的代表性宣传。比如，企业愿景、人物宣传、企业领导人的IP打造，都能够提升品牌的影响力。

1）领导人塑造

如果选取了企业领导人，那么企业领导人就应该对企业的核心价值和品牌宣传的信息非常熟悉。通常大家都愿意在企业领导人与企业之间进行一些故事描述，也就是大家常讲的情怀描述。

通过宣传企业领导人来提升品牌影响力和通过情怀描述进行品牌的宣传非常常见。当年风靡一时的锤子手机，也是通过对企业领导人的宣传，以及每次新品发布会产生的明星效应带动用户的热情的。

在疫情期间，格力集团主动调整了生产线，生产口罩，这非常能够提升目标客群对企业品牌的强烈认同感。"好空调，格力造"不仅仅是一份对好品质的追求，更是"国家兴亡，匹夫有责"的担当。

华为消费者业务CEO余承东先生在每次新产品发布会上，都会亲自为行业客户宣讲华为的智慧战略，这也是企业品牌建设的一种表现。

2）理论发表和专业交流

在互联网时代，企业的理论发表和专业交流的内容都可以通过线上有效地传播出来。比如，在被众多产品经理关注的云栖大会上，每年马云宣讲的战略规划都被发表到线上，供下游客户和消费者参考。还有腾讯当年提出的"互联网+"理论，甚至成为国家发展战略。

另外，还有一些 B 端企业把自己企业的核心优势通过理论知识发表出来，形成论文或者专利技术，竭力提升对行业的认知与赋能。

3）虚拟形象打造

大家可以发现，很多传统企业通过一个虚拟形象来促进人与人之间的互动与交流。比如，海尔兄弟、小天鹅这样的虚拟形象，大家看一眼就能马上识别其对应的品牌。再比如，平安人寿构建的 AI 智慧客服虽然是虚拟客服，但是同样会以真实客服的头像示人，让客户感知到真正的人性化。

2. 从"料"的营销维度实施品牌建设

从"料"的营销维度实施品牌建设就是把企业的核心竞争力展现出来。企业是否有"料"给营销团队进行发挥？小新建议大家从以下几个方面进行思考。

1）标杆案例

在标杆案例方面，有 C-life 这样的物联网大数据专家，它通过对行业案例的精心打磨，以视频的形式清晰地向行业宣传案例价值。比如，大家在网上看到的智慧农业、智慧校园、智慧酒店，以此提升客户的认可度。

2）企业领袖/大客户访谈

企业领袖/大客户访谈就是通过媒体访谈或者发表对产品技术专家的专访内容来赋能行业。很多会议访谈的形式首先是主题演讲，其次是圆桌会议。这样一方面能给企业 CEO 更多的曝光机会，另一方面能将企业的商业模式较为详尽地阐述出来。通过大客户与企业领导之间的聊天记录或者大客户的专题报导阐述从产生需求到了解品牌，从小客户成长为大客户的过程，以及客户对品牌的认知。这种报导非常容易引起共鸣。

在一般情况下,大型活动的重点是开幕式。政府领导、行业"大咖"通常会参加,媒体的关注度也高。根据活动议程,一般在政府领导讲话后行业"大咖"演讲。因此,运营人员应该主要关注政府领导讲话和行业"大咖"演讲。

圆桌会议的选择要看讨论的议题和嘉宾,议题与企业的实际情况相符,有"大咖"参与讨论最佳。另外,参与圆桌会议能迅速积累行业高端人脉。因为作为讨论嘉宾,主办方一般会在会议召开前建群沟通讨论议题,这样参会者就有了与行业"大咖"进行沟通的机会,在会议结束后可以更加深入地进行交流,从而使之转化为自身的人脉。

3)差异价值、概念打造

差异价值指产品跟其他同类竞品不一样的地方。在做行业宣传时尽量把差异价值体现出来,这样目标客户的接受程度会更高。

概念打造,特别是新概念的打造,能够迅速提升品牌的影响力。新概念也代表了品牌的差异价值,是其他品牌所没有的。比如,技术能力突破或者产品发布的非常有优势的特性,都可以作为新概念进行打造,以快速提升产品与品牌的影响力。

在差异价值、概念打造方面,我们会发现很多企业把自己的核心技术尽可能地量化和视觉化地凸显出来,比如,图3.9所示的某汽车产品的电池。该企业2020年新推出了"刀片电池"的概念,通过宣传这个新的产品概念,刷新了行业对汽车电池的整体认知。

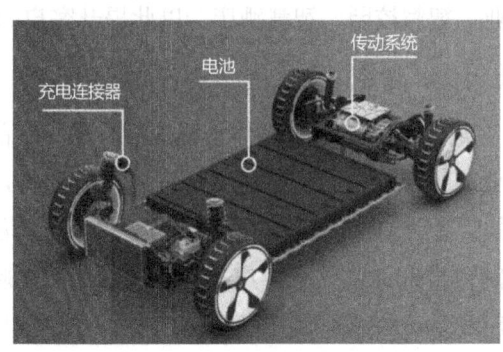

图3.9 某汽车产品的电池

第3章 B端品牌建设体系及营销要素

4）亮点数据

亮点数据指的是行业当中客户的使用数据、评价数据、软件自身的一些功能数据，比如，效率提升、助力营业额提升、对产能的推动等，都可以作为亮点数据在各种宣传中进行展示。

在亮点数据方面，大家可以参考某智慧农业平台。它把解决方案实施过程中的所有核心指标量化出来，如图3.10所示。智慧农业的客户能够马上合作并加以实施运用，这对提升行业智慧化的价值意义巨大。这样的展示非常直观，并且能够提升品牌影响力。

图3.10 某智慧农业平台的亮点数据展示

5）行业白皮书、参与评奖

行业白皮书的发表需要发表者对这个行业有比较深刻的理解，以企业品牌和实力来构建行业宏观的一些趋势信息，快速地引起行业相关人士的重视，达到快速提升品牌影响力的目的。小新不建议初入某行业的企业进行白皮书撰写，除非企业的领导者或者创始人中有某方面的领军人物，完全能够无压力发表论文或者进行行业研究。

行业白皮书是不是撰写一次就可以了呢？我们可以发现很多的大型企业，如华为，每年都在撰写行业白皮书，希望通过这些内容来引领行业新趋势、新思想，进行思想的碰撞与创新。

还有一种行业白皮书是与媒体共同发布的行业观察类白皮书，其专业化程度稍低，如《新零售行业白皮书》《游戏品质白皮书》等。此类推广方式经过时间的验证，效果好且成本低，是小新推荐的方式。但是对运营人员来说，这种白皮书的梳理相当耗费精力，一般一个品质不错的白皮书或者行业报告要耗费运营人员2~3个月的时间，甚至更长。

同时，很多B端金融类企业会通过参与评奖的方式来提升在行业中的整体影响力。

如果企业的模式具有独创性或者企业有一定的研究成果，可以通过书籍出版或期刊发表来占领理论高地。比如，在"互联网+"成为国家发展战略后，腾讯推出了"互联网+"系列的书籍，抢占理论高地，提升品牌影响力。

此外，B端品牌塑造行业影响力，还需要借助行业第三方机构，如行业数据研究机构艾瑞、易观等。这些第三方机构通常是媒体数据和研究报告的提供方。专业机构的行业研究数据和报告发布后，都会被媒体应用和解读。因此，如果企业案例被专业机构选为行业案例或研究案例，那么企业将受到媒体及业界的关注，这对企业来说是一个很好的权威背书。在和第三方机构合作时，可以植入行业报告或者定制研究报告。

3．从"聚"的营销维度实施品牌建设

"聚"的部分很像一个大派对，所有的企业都在努力地想成为派对中的佼佼者。让我们一起来看看，这个派对要如何举办或者参与并且进行营销。

1）主办（承办）会议、参与论坛、分论坛

对于一些有代表性的会议，企业应该主动参与进行主办或者承办，积极参与论坛或者分论坛，提高行业曝光率。

大家可以发现，无论是金融行业、智慧城市，还是阿里云这种大型产业，都很喜欢通过每年主办或承办大型会议的方式，提升自身的品牌价值并促进客户的持续转化。

在**参与频次**方面，对于处于初创推广期的企业，至少保持每两个月一场的频次。很多创业企业都是从打造明星 CEO 开始的，通过不断地跑会、参加大活动争取曝光率，不要奢望一口气吃个胖子，品牌需要积累。因此，这些曝光是必不可少的。多参与行业活动、多曝光、多借势，慢慢你也会成为行业"大咖"。

在**参会选择**方面，首选行业大会。每个行业每年都会有很多行业性大会，这些会议是政府主管部门、行业专家、协会领导、行业"大咖"、媒体聚集的活动。参加这些会议对企业，特别是初创企业来说，是很好的业界曝光机会。

在**选择会议流程**方面，根据自身的定位和推广预算进行选择。无论如何，行业内有影响力的大会是每家企业都要认真争取和重视的。因为这些大会不仅知名度高，还会有政府官员和行业"大咖"出席。如果你能巧妙地将自己的产品植入进去，借势营销，那么这将是一个十分划算的事件营销。

那么，行业小白要如何参加这些大会？

这需要专人负责筛选。"活动家""活动行"等专业的活动平台基本上会展示全年的活动。除此以外，还有一些是行业的协会或者第三方专业机构主办的活动，特别是有影响力的机构主办的活动，其级别往往都非常高。这就需要我们平时多关注行业动态，通过活动新闻找到主办方，建立联系，并且注意日常的沟通与关系维护。

还有一些大媒体每年都会有活动排期。对于媒体主办的活动，企业大"咖"一般都会出席，因此活动的规格也很高，如腾讯年会、新浪财经经济人物评选等。参加这些活动需要有专门的活动专员搭建活动渠道，建立沟通，对活动筛选、评估、沟通、活动参与方式、价格、参与流程、细节以及宣传形式和内容等进行通盘策划。

最后，参会一定不能只是单纯地参会，一定要将参会作为一个营销事件来做。通过参与会议，挖掘更多宣传点，配合媒体、PR 稿件，做好前期造势、中期引爆、后期续热宣传，把本次活动最大化地宣传。

2）产品发布会、产品研讨会

C 端行业很喜欢举办产品发布会，而 B 端行业喜欢举办产品研讨会。现阶段越来越多的企业既生产 C 端产品，也生产 B 端产品，因此经常将这两种形式并用，以进行产品与品牌的宣传与推广。对于一些受众较少、适度营销或少量营销就可以的 B 端产品，产品发布会就能达到非常好的效果。

上海一家软件服务类企业，每年针对航空公司客户举办关于新趋势的分享会。在每场分享会过后，实际客户在 180 天内的软件付费率可以达到 35%。

在广州有一家企业，其产品名叫 Maxhub，这款产品非常优秀，它针对的一部分客群是 B 端校园客户和一些军工类的客户。这家企业在每次升级版本特性的时候，都会召开发布会来告知行业，品牌的转化效果非常好，效率也很高。

3）媒体沙龙、企业开放日、权威媒体峰会

与上一点很像，媒体沙龙、企业开放日、权威媒体峰会这些形式也是通过提高企业曝光率来达到推广与宣传的目的的。

佛山的一家企业每年通过企业开放日的形式，邀请目标大客户、行业媒体人及行业客户来企业进行参观，同时为客户和媒体讲解企业业务与发展历程，并通过一些文章来进行宣传，每年都能收到不错的行业反馈，也能增强目标客户对企业的信任与了解，提高企业曝光率。

3.3.5 传播——品牌营销过程的传播载体

在通常情况下，我们会通过公关和软文类的传播载体，如新闻稿、专访、品牌故事等，将我们的策略更好地传播给客户。图 3.11 所展示的是 2019 年中国社会化媒体生态概览，它告诉我们可以通过哪些具体形式来传播。

中国社会化媒体生态概览展示了一部分品牌创意类的传播载体，很多内容可以通过音频、视频、海报和一些非常酷的互动营销创意来实现传播效果。

第3章 B端品牌建设体系及营销要素

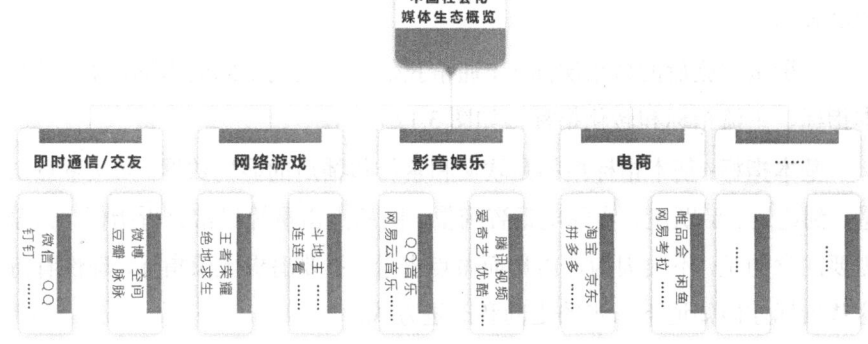

图3.11 2019年中国社会化媒体生态概览

3.3.6 客群——基于产品定位探寻品牌营销客群属性

最后一个方面就是客群了，基于产品特性进行提炼，持续从"人""料""聚"多维度进行联合营销，匹配线上、线下传播渠道等落地形式，将企业品牌及产品渗透给目标客群，逐渐强化目标客群的品牌认知，提升品牌建设与营销的效果。

接下来小新要讲解的内容与之前阐述的品牌定位的内容略有重复，小新就不再赘述，所以大家可以基于产品特性去理解到底要选择哪一类的目标客群，通常在市场细分中进行选择就可以了。

关于具体的营销手段和营销落地的实施过程，大家可以继续关注下文中渠道通路的相关内容，小新到时会详细地讲解实施过程和有关的方法论。

3.3.7 企业品牌建设与营销的难点和衡量指标

企业品牌建设与营销有什么难点呢？

企业品牌建设与营销的效果并不是立竿见影的，企业品牌建设与营销是一个长期的投入过程。ToB行业的转化周期非常长，小新在第1章就已经向大家传达了客单价非常高、客户做出决策的过程漫长的行业特点，因此，B端企业更要保持对品牌的长期投入，持续地传递信息，不断构建好的内

55

容、好的故事，还要利用企业的人、产品长期以来形成的影响力，树立企业的品牌和声誉。

在衡量实施后的效果层面上，通常我们会有几类不同的指标，分别是基本指标、主流指标和转化指标，如图3.12所示。

基本指标：基本指标指的是软文和素材传播后的显性数据，如文章点击量、到达量、活跃度、实际电话咨询量、网站点击量等日常分析指标。大家需要注意的是，不要因为点击量而做点击量，不要追求虚荣指标，理性看待这些指标才能知道下一步的走向和改进方式。

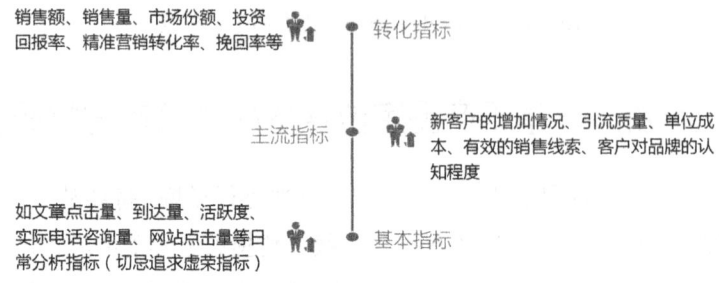

图3.12　运营衡量指标说明图

主流指标：主流指标通常包括新客户的增加情况、引流质量、单位成本、有效的销售线索，以及客户对品牌的认知程度。

转化指标：转化指标指的是具体的销售额、销售量、市场份额、投资回报率、精准营销转化率、挽回率等，这些都是业务人员需要长期监控的指标。

通常，品牌营销是围绕销售收入提升（效果）、营销质量提高（效率）来设计衡量指标的。但应注意，品牌营销需要长期且持续的投入，切忌出现"KPI短视思维"。小新所指的"KPI短视思维"是大家通过一两次的营销推广，就想马上看到客户的转化、销售量的提升，这是非常不现实的。

3.3.8　关于企业品牌建设与营销的建议

在本章的最后，小新对企业品牌建设与营销提出了几个建议。

首先，要持闲庭信步、笑看花开花落的心理去做品牌建设与营销。

品牌建设与营销是一个长期的过程，不是做几次品牌推广就能够一下子完成的。闲庭信步的关键在于节奏，不疾不徐，在方案中需要对品牌有长期的考虑。另外，我们要让品牌像花一样吸引客户的注意力，并且要持续。花开花落终有时，一次营销失败了，不等于下一次营销不会成为爆点。

其次，要量力而为。

尽量不要完全照搬其他企业品牌建设与营销的案例，特别是预算部分。要基于企业自身的发展节奏来制定品牌建设与营销方案，找到适合企业自身的节奏和推广方式。适合自己的，才是最好的。

最后，邀请企业管理者积极参与，这点非常重要。

拒绝将品牌建设与营销做成品牌经理、产品运营经理的"自嗨"。在品牌建设实施过程中，需要深度访谈企业管理者的看法并与之达成一致。在参展时加入企业管理者采访、推动企业管理者输出专栏文章，从而提高企业管理者对品牌建设的参与度。具有品牌参与感的企业管理者才会认可品牌建设与营销工作的价值，对品牌的理解与阐述才会深入人心。

3.4 本章内容总结

品牌建设与营销的内容非常多，小新希望大家不仅仅只是看过就好，小伙伴们可以通过思维导图来整理本章的内容，其中有非常多的方法论是可以在具体工作中实施的。

- 品牌建设
- B端品牌建设的误区
- B端品牌建设与营销
- 营销偏好（思考你的企业属于哪种营销偏好）
- B端品牌建设与营销的流程拆解
- 品牌——行业识别系统的建立（品牌定位、品牌建设、品牌要素、品

牌建设工具）
- 策略——从三种营销维度实施品牌建设
- 传播——品牌营销过程的传播载体
- 客群——基于产品定位探寻品牌营销客群属性
- 企业品牌建设与营销的难点和衡量指标
- 关于企业品牌建设与营销的建议

　　小新会在公众号中推出更多的案例和方法论的线上版本，分享最新、最全的B端运营方法及实施工具，助力大家快速成长。

第 4 章
B 端内容及活动运营

在学习了品牌建设的相关内容后,大家对如何建设品牌以及内部资料的搜集有了一定的认识。那么,在拿到这些内部资料后,如何将其转化为"弹药库"进行内容及活动的运营,就是本章需要讨论的事情。

4.1　内容运营概述

很多人对内容运营并不陌生,但是要让他们来定义一下内容运营,很多人可能会认为内容运营就是写小作文。接下来让我们看一个似曾相识的场景。

老板:"咱们产品目前的销售情况怎么样了?"

销售员:"不太好。市场上同类产品太多,价格又提不上去,难!非常难!"

老板:"到底是什么原因导致客户对我们产品的认可度低?"

销售员:"一部分客户压根就没有听过咱们的品牌,还有客户认为咱们产品的亮点不足，没有友商的产品厉害。唉，我们行业发声太少了，没有什么影响力啊。"

老板："（生气）那赶紧到网上宣传宣传啊，把产品知名度打开，把咱们的案例都放上去！"

运营经理："我们宣传了呀！公司介绍、成功案例等，该发布的信息全都发布出去了。"

老板："你是怎么发布的？"

运营经理："每周将两篇公司的相关稿件发到官网、微信公众号和微博上。"

老板：……（气得想开除运营经理）

老板："我看了你发布的文章，这写的都是些什么啊？"

运营经理："这是最近超火爆的新闻！我在借这篇新闻蹭热点呀，您看这阅读量都3千多了。"

老板："怎么还有表情包啊？"

运营经理："这个排版风格很酷，很有意思，适当地给观众加点儿调料，很多人都说好玩。"

老板："那我们的价值在哪儿？"

运营经理："公司介绍、Logo、产品特色都在文章里呀。"

老板："我是说我们的解决方案给客户带来的价值体现在哪儿？"

运营经理：……（不知如何是好）

这不是一个笑话，而是发生在广东某企业的真实故事。该企业的管理者也知道这样宣传有问题，但是对于如何弥补，如何进行真正的内容运营，却一头雾水。

写作仅仅是内容运营的一部分工作，接下来让我们一起来了解内容运营。

4.1.1 什么是内容运营

内容运营是围绕着内容的生产和消费搭建一个良性循环，借此持续提升各类与内容相关的数据，如内容数量、内容浏览量、内容互动数、内容传播数等。内容运营是一个循环，是一系列的动作，是各种拉动目的指标提升的操作手法。

内容运营中的"内容"指的是什么？

- 每次打开网站或者 App 都会看到的各种各样的信息更新。
- 打开知乎，可以看到最新发生的热点事件剖析。
- 打开网易云音乐，能够马上看到强大算法推荐下的定制化歌单。
- 打开淘宝，瞬间可以看到琳琅满目的商品信息，有些商品就是最近想要买的。

这些信息的类型不一样，阅读、观看的人群也不相同，带给用户的体验也不一样……但是不管是电商平台、门户网站、还是各种论坛，都是通过"内容"来服务用户的，而上述的热点事件剖析、定制化歌单、商品信息等都属于"内容"。大众对这些信息（文字、视频、音频等）有消费的需求，所以才会有这么多的产品分门别类地提供相应的内容服务，而且，只要是互联网产品，就需要用内容进行填充。不同的网站或者 App，所需要的内容是不一样的。因此，内容运营应运而生。

在上文中我们提到了很多 C 端产品的内容，如定制化歌单等。那么，B 端的内容运营与 C 端有什么不同？

图 4.1 从客户诉求、呈现标准、内容文风和发布量级四个方面分析了 C 端与 B 端在内容运营上的不同。

- 首先，从客户诉求方面来说，C 端内容注重个体自身的需求，B 端内容是为了提升企业效率、提高收益。面向对象的不同让内容的生产也非常不同。
- 其次，从呈现标准方面来说，很多搞笑内容非常适合在 C 端进行广泛传播，博君一笑。然而这个套路在面对 B 端客户的时候，经常会不讨彩，就好像在上文提到的场景中，在 B 端内容传播过程中使用表情包或者蹭热点，反而会引起目标客户的不满，让目标客户认为企业不够专业、稳重，没有深度，无法提供稀缺、专业的信息，只会蹭热点。这对企业的品牌建设来说，非常不讨好。

- 第三是内容文风。C端内容的文风讲究轻松活泼、观点自由、有共情效果、煽动性强，但是B端非常不一样。很多时候，B端内容的文风严谨、正式。关于政策、行业产品的动态不能随便去说，不能阐述自由观点，因为你发布的信息代表着企业的思考。因此，你发布的信息必须是有证据、经过深度思考的结果。
- 最后是发布量级。C端是广撒网、多发布、多触达；B端正好相反，求精不求多，要求深度与广度，不会像C端一样要求每日更新。

图4.1　C端与B端在内容运营上的不同

小新分析的这四个方面是否跟你想的契合呢？当然，这只是给大家提供一个思路。大家可以根据自己所在的行业和传播偏好进行深度分析。

4.1.2　为什么需要内容运营

奥美广告公司董事长奥格威先生曾经说过："广告应该把广告诉求对象的注意力引向产品，做广告就是为了销售产品，否则一无是处。"在内容广告化、广告内容化的今天，绝大多数企业和个人做内容的最终目标就是卖产品。

第4章 B端内容及活动运营

然而，再好的产品也不会自己说话，即使是 Siri 和小冰也不例外，而内容运营就是产品的发言人。那些在 App、消息推送、商品详情、包装盒甚至是广告里想说但写不下的话，最终需要借助微博、微信、HTML5 页面、直播、漫画、视频等传播形式，一点点地向客户表达清楚。

内容运营的目的是让处在不同阶段（从潜在到成交）的客户在接触产品提供的内容后，产生购买兴趣和持续转化的意愿。

那么，针对处于不同阶段的客户，内容运营目标会不会有什么不一样呢？

企业与客户的接触流程按照**潜在客户触达、获取意向、构筑标杆、产业赋能**四个阶段逐步构建品牌效应，提高产品价值，如图 4.2 所示。

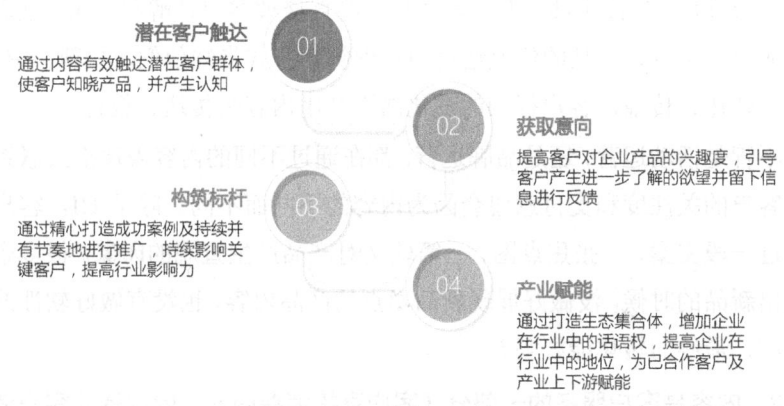

图 4.2　企业与客户的接触流程

- **潜在客户触达**：通过内容有效触达潜在客户群体，是让客户建立认知的一个过程。这个过程主要描述产品的价值，使客户知晓产品并产生认知。
- **获取意向**：在客户有了认知之后，要提高客户对企业产品的兴趣度，引导客户产生进一步了解的欲望并留下信息进行反馈。
- **构筑标杆**：这个阶段是持续建设品牌、提升品牌价值的关键阶段。在这里需要精心打造成功案例、持续并有节奏地进行推广，持续影响关键客户，让关键客户看到产品的价值以及品牌的能力，提高行业影响力。

- **产业赋能**：这是一个打造一荣共荣的生态集合体的过程。增加企业在行业中的话语权，提高企业在行业中的地位，为已合作客户及产业上下游赋能。

4.1.3 内容运营的价值

现在，互联网企业越来越重视内容运营的价值，因为好的内容不仅能够把产品介绍清楚，还可能成为引爆产品的那个引子。

1．内容运营将产品与客户连接起来（传达品牌价值和培养、教育客户）

平台推出，产品上线，不代表产品就能直接被客户理解和使用，这需要运营人员将平台、产品的价值通过用户理解的方式告知他们。拉新、留存、活跃、转化、传播，客户行为的变化离不开用内容去传达、教育。

不管是活动运营，还是品牌运营，都在通过不同的内容表现形式联系客户。客户的关注度和支付意愿会因为内容的不同而不同。除了 UI，客户可以通过一段文案、一张焦点图、一篇软文对产品产生直观的印象。很多企业在推出新品的时候，没做好展现新品卖点的产品内容，也没有做好软性的内容推广，最终的转化能好吗？

2．内容是客户服务的一部分（客户直接消费内容、内容辅助客户消费产品）

虽然传统的说明书正在慢慢被客户淘汰，但是这并不意味着产品就能够承担完整的客户服务。比如，苹果的产品虽然追求极简，但很多产品的使用技巧、攻略，在网上都有相应的内容。即使是客户贡献，也是内容运营的方式之一。

很多人在运营内容时经常出现一些问题。比如，从自己的角度去堆砌一些客户根本看不懂的内容，还有的人片面追求极简，其实客户根本不知道你到底想要表达什么。苹果的产品和说明都很简洁，但是苹果延伸的内容服务是非常丰富的。客户需求的变化推动了内容表现形式的改变，产品不是不需要内容，而是需要升级的内容。内容已经成了客户消费产品的一个重要部分。

4.2 B 端内容运营

至此,大家对内容运营的重视度应该提上来了。那么,要如何进行内容运营?内容运营有什么需要注意的地方,有什么具体的步骤能够让运营小白很快上手、让运营老手有所思考吗?

有!小新就给大家简单介绍一下 B 端内容运营的框架,如表 4.1 所示。

表 4.1 B 端内容运营的框架

步　　骤	方　　法	细　　节
内容定位	定位客户画像	B 端内容运营选题计划表、定义客户、痛点关键词
	定义内容:考虑 B 端内容的友好度	内容稀缺性、观点前瞻性、分析深度和内容广度
内容生产	生产哪些内容	企业新闻、客户成功案例、行业资讯
	如何生产内容	注意标题、快速生产高质量内容
	为不同阶段的客户提供不同内容	注意三个不同阶段:潜在阶段、验证阶段、决策阶段
	内容生产技巧	分工协作、利用专家、提高内容复用性
内容分发	内容分发平台	自媒体、付费媒体、免费媒体
	多平台内容运营	了解分发平台、T 型分发找到重点、聚焦
内容评估	内容营销评估	能见度、喜爱度、行动度、分享度
	通过内容调整进行营销改进	发现问题、调整策略

从表 4.1 中我们能够清晰地看到,B 端内容运营总共分为内容定位、内容生产、内容分发、内容评估四个步骤。关于其中具体的方法,我们先通过一个案例进行学习。

4.2.1 一个案例

北京某航空金服科技有限责任公司是一家创新型航空产业金融科技服务企业,致力成为国内领先的航空产业金融服务提供商。

公司以构建"实体产业+产业基金+资本市场"的产业整合模式为愿景,创新应用金融及互联网技术,整合资源优势,针对民航"资金与技术密集型"

的产业特点与高速发展的产业形势，为航空产业中的航空公司、机场企业、通用航空、航空代理人、差旅服务商、消费者等产业主体机构提供融资、保理、资产证券化、消费金融等多种形式的金融服务。

运营需求点：希望通过持续的内容触达，使产品和服务得到航空代理人及差旅服务商的认同，并获取航空代理人及差旅服务商的融资合作意愿。

目标客户：（中游）航空代理人、差旅服务商

目标预期：30天内，内容有效曝光（目标客户点击量20000+），客户意愿（反馈量100+）

在看到这样的案例之后，你对其中的运营需求点有什么看法？一个优秀的运营人员需要懂得拆解运营目标，并且通过一系列的策略去实现运营目标。

小新先带着大家对团队的内容运营策略进行拆解。

- 先确定内容运营的核心目标：获取新客户的合作意向，进行品牌建设。
- 思考内容给谁看。他想看到什么？他看到什么才能产生合作意向？
- 能结合哪些行业热点？用什么选题？——结合新型冠状病毒肺炎疫情期间行业现状对信息进行解读，并给予解决方案。
- 确定内容运营的形式——在公众号上每5天推出1篇文章，共6篇，另加海报1份。
- 内容运营策略：疫情影响分析、服务案例展示、备用金现申现批、推动内容转发。
- 主要往哪里推送？——民航报刊、国内航空协会组织、自建客户群、微信公众号、朋友圈、置换广告合作、客户内部转发。

通过这样的拆解以及内容方向的确定，运营人员才能够进行下一步，将这些拆解写入计划中，进行人员配置，推出一篇篇有深度的文章。图4.3展示了产品公众号示例，这些就是运营人员通过拆解推出的文章。

那么，在内容运营结束之后，我们要如何评估？别忘记了，我们是可以有预期目标的。

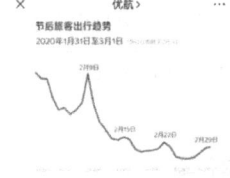
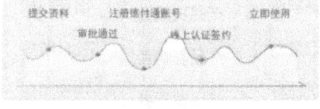

图 4.3　产品公众号示例

如表 4.2 所示,我们能够看到,作为一个初始运营案例,取得这样的成绩已经非常不错了,甚至有效转化率超过了原来的计划。

表 4.2　内容反馈表

30 天内容运营期	内容总浏览量	提交反馈量	有效提交反馈量	有效转化率
实际	26275	651	337	1.3%
计划	20000+	—	100	0.5%

在学习了这个案例之后，大家对如何接手一项运营任务或者给一款 B 端产品制定更加体系化的内容运营策略是否有了更清晰的思路呢？

4.2.2　B 端内容运营框架

在看过案例之后，我们再来看看 B 端内容运营框架。在上文中我们对本章内容进行了一个框架的搭建，如表 4.1 所示。现在，我们按照实际操作步骤进行再一次的框架搭建，如图 4.4 所示。希望这种复合框架的搭建让大家对内容运营有更加深入的理解。

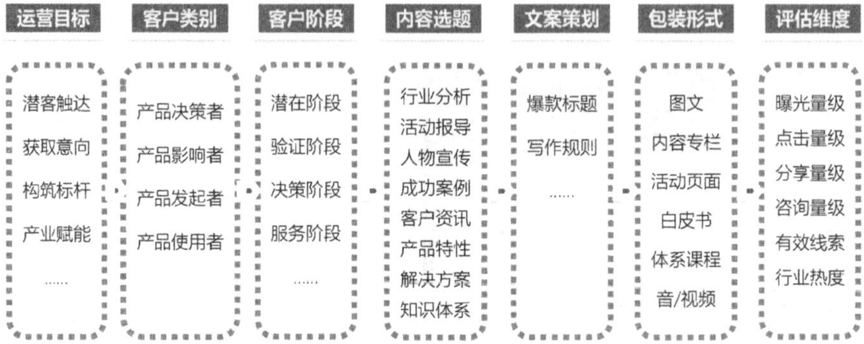

运营目标	客户类别	客户阶段	内容选题	文案策划	包装形式	评估维度
潜客触达 获取意向 构筑标杆 产业赋能 ……	产品决策者 产品影响者 产品发起者 产品使用者	潜在阶段 验证阶段 决策阶段 服务阶段 ……	行业分析 活动报导 人物宣传 成功案例 客户资讯 产品特性 解决方案 知识体系	爆款标题 写作规则 ……	图文 内容专栏 活动页面 白皮书 体系课程 音/视频	曝光量级 点击量级 分享量级 咨询量级 有效线索 行业热度

图 4.4　B 端内容运营框架

图 4.4 展示了整个 B 端内容运营的框架。如前文所说，内容运营也是有目标的。根据这些目标，我们需要去分析客户的类别，然后根据客户所处的阶段进行内容的选择，从而进行文案策划、包装、触达、反向评估，直到运营的调整。

这是一个整体的内容运营循环。那么，我们要如何甄别不同类别的客户呢？

如图 4.5 所示，客户可以分为产品使用者、产品发起者、产品影响者、产品决策者四种。

- **产品使用者**：顾名思义，产品使用者就是使用产品的人，也可能会提出购买某产品的建议。产品使用者中的一部分人也可能是产品发起者和产品影响者。

- **产品发起者**：产品发起者负责对产品功能、技术标准、服务内容、商务谈判的把关。其中的一部分人可能不会使用产品，要注意区别他们与产品使用者之间的不同需求。
- **产品影响者**：产品影响者的观点可能影响产品决策者。产品影响者可能是企业内部或外部的专家，也可能是咨询公司。
- **产品决策者**：产品决策者是最终决定购买产品的人或团队。

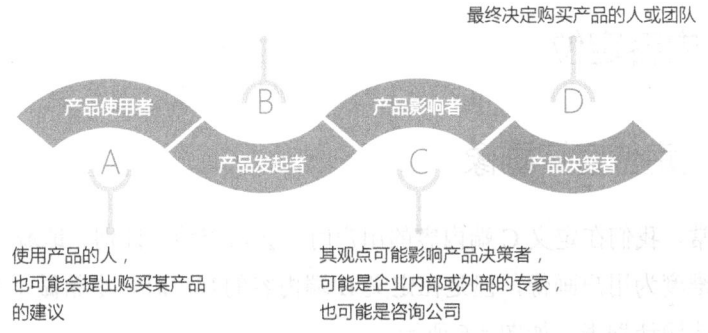

图 4.5 客户的不同类别

在这里，小新要特别地提醒大家，虽然产品是企业的，但是购买和使用场景、产品价值以及利益是每个角色需要考量的。

大家需要根据产品的不同，对这四种类别的客户分别创建适合的内容进行触达。另外，内容也需要根据客户所处阶段的不同而有所不同。

- **潜在阶段**：客户在购买产品之前处在需求的潜在期，会通过搜索、社交网络、垂直媒体、特定社交圈去了解相关信息。客户想要了解什么？
- **验证阶段**：客户进入征询、验证、解惑、听取建议的阶段。在与公司销售人员见面的过程中，客户可能获取了足够的信息，也可能获取了竞争对手的一部分信息。那么，客户的关注点是什么？
- **决策阶段**：决策动机是外界激发的还是内压产生的？需要什么样的方案解决问题，达成目标？如何考察验证？
- **服务阶段**：在进入服务阶段之后，产品使用者与产品发起者最关注的是什么？如何持续满足产品使用者的需求，为实施链条提高效率、降低成本呢？

面对这些问题，小新不想马上就回答，但会在后面的章节中进行解答。

为了让大家做到融会贯通，在面对各种纷繁复杂的内容运营问题时都有充足的"弹药库"，小新决定带领大家从头到尾梳理一下B端内容运营的细节。

4.3 内容定位

4.3.1 定位客户画像

通常，我们在定义C端内容的用户时，会从年龄、性别、地域、喜好、星座等维度为用户画像，但是在定义B端内容的客户时，小新做了B端内容运营选题计划表，如图4.6所示。

所在领域	角色	关注点	选题计划
财务 (某SaaS云端财务软件)	老板(产品决策者)	行业宏观信息、成效指标	白皮书+行业报告+客户证言+行业方法论
	IT部门(产品影响者)	接口标准化、易用性	对接成功案例+技术专栏
	部门总监(产品发起者)	成效指标、业务决策	客户活动报导+效果案例
	员工(产品使用者)	易用性、省时省力	最新特性+赋能工具赠送+知识培训

图4.6 B端内容运营选题计划表

B端内容运营选题计划表的维度分别是所在领域、角色、关注点、选题计划。如果我们的产品面对的行业广、客户多，我们就不需要对行业所在领域和角色做特别精细化的分类；但如果产品是垂直于某个行业或某个职业的B端服务类产品，我们在定位客户画像时就需要更加细化。比如，我们可以把产品发起者的角色进一步细分为财务总监、采购主管等多个岗位，再根据行业所在领域和岗位的匹配度定位客户画像。

为什么在做内容运营前需要定位客户画像？定位客户画像，找到该客户的关注点或痛点，目的是在内容与客户之间建立更多的关联，从而让客户产生共鸣。所以，客户关键词越细化、越具体越好。

通过定位客户画像找到客户关键词，发现你关心的客户在关心什么，这是做内容选题策划的基础。

在定位客户画像时，除了定位职业，还要定位行业领域。比如，有些内容或活动在行业上并不局限于电商行业，还包括餐饮行业等。

职业定位在于指导内容选题及包装，行业定位在于指导宣传渠道。

4.3.2 定义内容：考虑 B 端内容的友好度

所谓 B 端内容的友好度，是指信息稀缺度、见解深度、实用度、客户关联度等有益信息与品牌信息、产品信息等无益信息之间的平衡程度，也可以理解为内容与客户之间的相关度。

B 端内容需要有"高人一等"的视角。这个视角下的 B 端内容可以是作者、企业对行业的观察，如数据报告类；也可以是行业稀缺性资源，如翻译的外文"干货"。

B 端内容需要注重内容稀缺性、观点前瞻性、分析深度和内容广度 4 个方面。以内容广度和分析深度为横纵坐标，我们可以画出一个"B 端内容质量坐标图"，如图 4.7 所示。

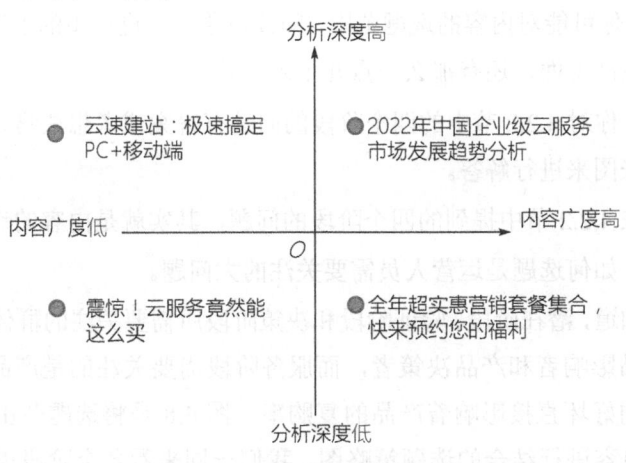

图 4.7 B 端内容质量坐标图

在图 4.7 中，B 端内容被内容广度和分析深度两个坐标分为四个象限。

- 内容广度低+分析深度高：单一事件分析，如针对某部分内容的深度解读。
- 分析深度高+内容广度高：权威行业报告，这种内容最具影响力和权威性。
- 内容广度高+分析深度低：事件盘点类，这种内容通常属于汇总型内容，分析浅尝辄止。
- 内容广度低+分析深度低：应避免这种内容与客户见面。当然，非常多的企业在学习内容运营之前，所发的内容大多属于这种深度不够、在广度上也无法达到的内容。

我们需要根据客户群体的不同发布不同的信息，对关键决策者发出内容广度和分析深度都很高的内容以打造专业性和行业影响力。因此，我们可以将内容选题同 B 端内容运营选题计划表进行汇总，进一步将内容范围、针对对象、发布时间进行梳理，并形成计划，从而进行内容的生产与输出。

4.4　内容生产

至此，你可能对内容的选题范围、阅读对象有了进一步的理解，可是具体到内容生产上面，还有那么一点儿不确认。

此时，你对 4.2.2 节中的四个阶段的问题有答案或者想法吗？现在，小新要用一张图来进行解答。

小新在 4.2.2 节中提到的四个阶段的问题，其实就是内容的选题问题。

因此，如何选题是运营人员需要关注的大问题。

我们知道，潜在阶段、验证阶段和决策阶段所需要关注的群体是产品发起者、产品影响者和产品决策者，而服务阶段需要关注的是产品使用者，他们评价的好坏直接影响着产品的复购率。图 4.8 是将选题范围、目标读者、具体内容进行结合的选题策略图。我们一同来看各个阶段需要输出的内容。

- **潜在阶段**：企业信息、人物宣传、活动报导、技术专栏等。
- **验证阶段**：产品事件、客户成功案例/解决方案、行业报告/总结等。
- **决策阶段**：客户证言、行业报告/白皮书、知识体系/方法论、解决方案等。
- **服务阶段**：产品特性（新）、提效工具、知识体系、线下培训等。

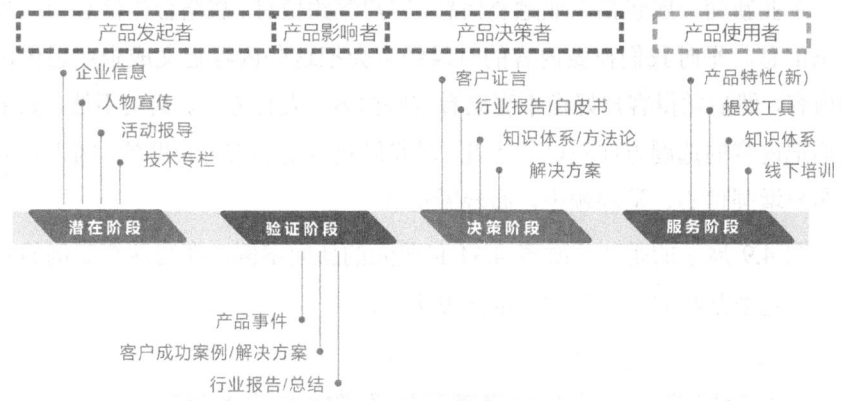

图 4.8　选题策略图

接下来让我们继续深入细节，去看看这些内容要如何生产。

4.4.1　生产哪些内容

首先我们要面对的问题是生产哪些内容。有一部分内容的生产是可以放到日常计划中的。汇总企业的各种资料、资源、专家日志、规划等信息，从而进行内容分类和选题推荐。

1．内容分类

第一类是**基础内容**，包括公司介绍、产品介绍、解决方案和客户成功案例等。这些是必须有的内容，这类内容可以放在官网上进行展示。

第二类是**日常内容**，包括企业新闻、客户资讯、行业分析、客户成功案例等。我们一般可以通过公众号或者自媒体发布日常内容。

第三类是**高质量内容**，如分享类的课程、行业白皮书、书籍、案例分析与复盘、案例集等。

2. 推荐选题

推荐选题总共有三类，分别是企业新闻、客户成功案例和行业资讯。当然，你也可以根据自己所属行业的情况和运营目标进行合并或者延伸。

1）企业新闻

企业新闻一般包括企业融资信息、客户签约信息、战略合作信息和产品动态信息。平时我们在做内容的时候经常会把这些内容定义成企业想传达的内容，然后觉得客户好像不喜欢看这些内容，太官方了。其实不然，如果我们把内容的选题方向做好一点儿，对我们获客是非常有帮助的。因为它能让客户增强信心、消除顾虑，减轻紧迫感。

图 4.9 展示的是知乎融资 4.34 亿美元的新闻案例，在写这个案例的时候，一定要从战略意义和客户的角度去写。

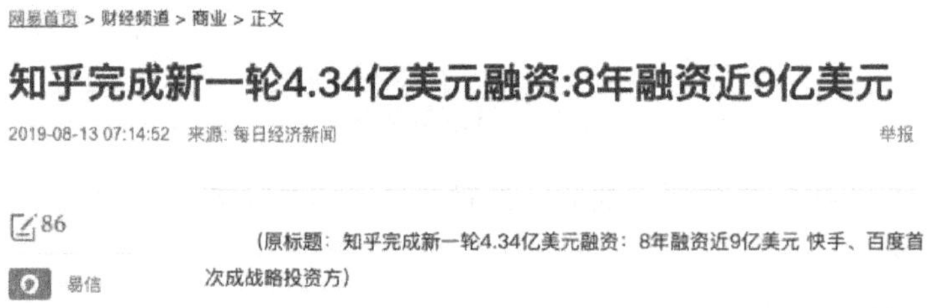

网易首页 > 财经频道 > 商业 > 正文

知乎完成新一轮4.34亿美元融资:8年融资近9亿美元

2019-08-13 07:14:52　来源：每日经济新闻　　　　　　　　　　　　　　　　　举报

86

（原标题：知乎完成新一轮4.34亿美元融资：8年融资近9亿美元 快手、百度首次成战略投资方）

易信

图 4.9　知乎融资案例

企业签约信息需要对行业中有影响力的具有标杆意义的企业进行宣传。同理，还有战略合作信息。图 4.10 所示是卓朗科技与 OpenStack 基金会的战略合作案例。在写战略合作信息的时候最好体现合作方品牌的高知名度，同时在内容里面体现合作方的认同，表达出双方的合作可以为客户带来什么价值，这样可以增强客户对企业的信心。

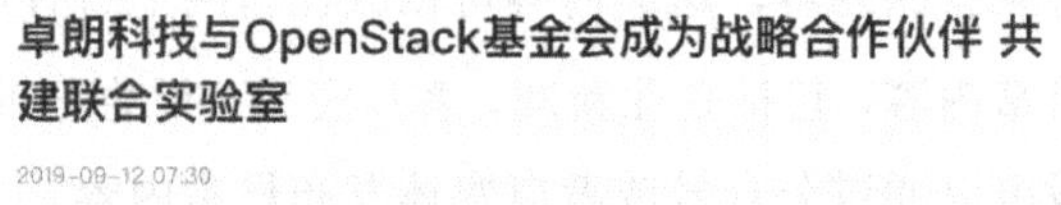

卓朗科技与OpenStack基金会成为战略合作伙伴 共建联合实验室

2019-09-12 07:30

图 4.10　卓朗科技与 OpenStack 基金会的战略合作案例

在产品动态信息方面，小新给大家列举了打卡助手软件优化升级的案例，如图 4.11 所示。在写产品动态信息的时候，要尽量从为客户创造价值的角度考虑，把重大的更新展示出来。

图 4.11　打卡助手软件优化升级的案例

2）客户成功案例

客户成功案例这类内容的选题方向主要有三个，分别是行业方向、客户业务方向和产品解决方案方向。

首先是行业方向。ToB 产品做案例包装其实是常规性的动作，不一定每个产品都要写，结合产品的业务拓展方向去做一些取舍和优先处理，更加能够有张有弛地展示重点内容。

比如，金蝶云在呈现的时候会从行业的角度进行选题，如农业、制造业等，营造一种宏大的叙事手法，助力各行各业共同成长。

其次是从客户业务方向进行选题，提供一种场景氛围的营造。比如，客户的工作场景具体是在生产制造过程中遇到的难题，还是在内部移动办公时遇到的效率低下问题？这类选题关注细节，通过细节去打动人心。

第三个是产品解决方案方向。比如，某个产品都有哪些客户买了，产品是如何给客户带来实际帮助的,这些都可以成为选题。

3)行业资讯

第三点是可以从行业资讯的角度进行选题。这类内容的选题方向包括公司核心业务定位、行业热点、企业动态与资讯、深度分析、趋势解读等。

以行业热点为例,一般我们要了解现在行业里面有哪些热点话题。比如,在 HR 领域,HR 们比较关心阿里巴巴、腾讯这些大集团的人事结构调整及其背后的战略意义和目标方向调整。

企业动态与资讯也是比较好的选题方向,一般都会看竞品的动态或者行业标杆的动向。这类选题的关键点是要看在行业中什么样的企业(一般是标杆类企业)影响力比较大。比如,Costco 中国首店开业就在零售行业中引发了一场热潮。

深度分析也是一个比较好的选题。在微信公众号的调研报告中,我们发现深度分析类的长文的转发率是非常高的。所以大家可以就某些企业关心的话题写一些深度分析类的文章,可以获得不错的转发率。

趋势解读含金量比较高,一般企业管理者比较关注趋势解读类文章。它需要运营人员从专业角度与专家联合发布内容,很考验内容功底。

4.4.2　如何创作内容标题

讲完了内容分类,接下来就是很多运营人员都比较发怵的内容生产了。有些运营人员说:"我从小语文就不行,公司还总叫我多发内容,这可怎么办啊?"没关系,我们小时候无论是写议论文,还是写记叙文,语文老师都会教我们一些套路。同样,在内容生产方面,也有套路。接下来就跟小新一起来学习吧。

标题是一篇文章的方向。有些人习惯在写完文章之后才确认标题,其实在有了运营目标或者主题之后,就需要我们去确认标题了。一个好的标题有很多种展现形式,不一定非要用"震惊体"来吸引用户眼球。被"震惊"过几次，大家就对你的标题"免疫"了。小新先介绍一下 C 端常用的标题展现形式。

1. 新闻式标题

要点：将内容要点简要地摆明，直截了当地告诉用户事实，使人一目了然，一般用于比较正式或者严肃的内容。比如：

【开业倒计时 3 天】万达影城邀您来参加一场颠覆视听的新革命

百度公布新基建建设计划：10 年后智能云服务器将超过 500 万台

这些标题一般由官方推出，非常正式。

2. 问题式标题

要点：通过提出问题来引起关注，从而促使用户产生兴趣，启发他们进行思考，产生共鸣。这种类型的标题现在我们经常看到，比如：

45 亿元换 1000 万学生，在线教育能否"烧"出霸主

又卡了、又掉线了、又没人说话了——经历了半年的视频会议，你还好吗

这些标题一看就很有吸引力。用户可能会先进行思考，然后在好奇心的驱使下点开内容进行浏览。

3. 悬念式标题

要点：用令人感兴趣而一时又难以给出答复的话语作为标题，使读者由于惊讶、猜想而想读正文。此类标题具有趣味性、启发性和制造悬念的特点，并能引发正文作答。不过在自媒体里，这类标题往往被"标题党"利用来夸大其词，反而让人不想看。比如：

×××99%的人都不知道

×××你一定想不到

所以，这种悬念式标题要谨慎使用。很多 C 端用户对此已经"免疫"，微商或者"标题党"喜欢使用此种标题。

4. 对比式标题

要点：标题内容前后形式对比，造成矛盾反差，具有趣味性或故事性，使用户产生好奇心。比如：

当万科用打造千万豪宅的团队来琢磨长租公寓

提到万科，大家都知道它是房地产行业巨头，然而，它要用打造豪宅的团队进军长租公寓市场吗？业内人士一看到这个标题就会产生兴趣并猜测万科的商业模式和运营策略，进而点击进行阅读。

5. 借名式标题

要点：借用名人、事、地、物的名气和影响，增强标题的信服度。在网络上很多名人名言被杜撰，说白了就是借名。现在虽然杜撰在减少，但借名仍是不少标题的不二法宝。还有让所有内容运营人员既爱又恨的蹭热点。比如：

罗永浩万字分享：我是如何做直播带货的

任正非：最"恨"日本的质量，产品怎么老用不坏（献给认真做产品的人）

6. 诉求式标题

要点：用劝勉、叮咛、希望、建议等口气写标题。此类标题较为危险，因为用户不希望被人教育一番。如果没有十足把握就不要使用，否则不但不能打动用户，还极易引起用户反感。

约见客户总没时间？没关系，我们有办法！

7. 科普式标题

要点：从大众不太擅长的切入点进行阐述，看似科普文，实则广告文。这类标题能够引起读者的好奇，注意一定要把内容讲得生动、有趣。如果你的产品属于大量传播型产品，那么可以多推出类似的内容进行传播，有趣又不容易引起反感。

一张 25GB 的照片，到底比普通照片强在哪儿？

你秃头、"996"、买不起房，都要怪他——柯布西耶

第一个标题是果壳网上的一篇科普文的标题，但是这篇科普文完全可以通过"科普+图像处理"或者视频剪辑类的软件变成一篇适合传播的软文。第二个标题通过一本正经地描述柯布西耶的"黑历史"，让读者燃起对建筑、艺术的热爱，进而宣传了自己的小店，引导大家去购买推荐的书籍。从科普转化为购买行为，转化得非常自然。

那么，针对 B 端内容，我们要如何进行标题的创作？在以上 C 端标题的基础上，我们要增加一些内容。B 端内容的用户也经常读 C 端文案，因此，你可以按照运营传播频次进行标题的选择。如果你采取的是大量传播的运营模式，那么向 C 端取经非常有必要。如果你采取的是少量传播的运营模式，那么可以选择图 4.12 所示的标题方式。

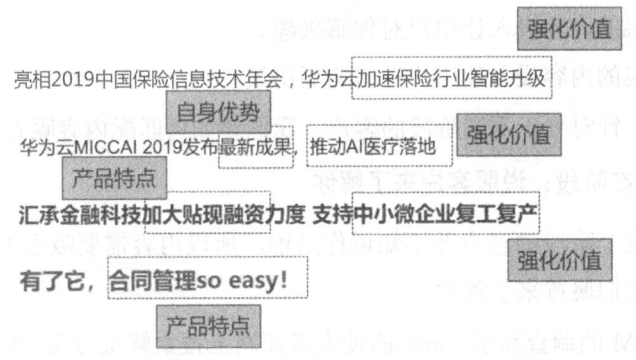

图 4.12　B 端内容标题示例

从图 4.12 中我们能够看到，大多数 B 端标题增加的部分主要以强化价值为主，将自身优势、产品特点等信息作为主标题，以此快速吸引目标客户的注意力。

改造重点如下：

- B 端产品的特点。
- 自己相对于竞争对手的优势所在。
- 带给客户的价值。

大家在创作标题的过程中需要注意，不能仅以 C 端内容的标题为主，需要对其进行专业性改造，以强化产品的价值。这样你所吸引的读者才是精准客户群体中的一员。

4.4.3 为不同阶段的客户匹配不同的内容

内容如何切入客户痛点呢？新奇、相关性、有价值、个性化是必备项，但真正有效的做法是深入客户旅程，在客户所处的不同阶段为客户提供不同内容。上文提到了众多的内容分类的方法，如何将这些内容匹配给需要的人并且做好内容的比重分配，是我们接下来需要考虑的事情。

对于处在前三个阶段（潜在阶段、验证阶段、决策阶段）的客户，我们需要撰写不同的内容。**内容投入比例遵循"四四二原则"。**

- 40%的内容投入让用户知道你。
- 40%的内容投入让用户对你感兴趣。
- 20%的内容投入让用户做出购买决策。

那么，针对处于不同阶段的客户，我们要如何匹配内容呢？

1. 潜在阶段：说服客户来了解你

处在这个阶段的客户并不知道你是谁。所以内容需要吸引客户的注意力，说服他们愿意来了解你。

GroupM 的调查显示，86%的搜索者在网上搜索解决方案的时候，不会搜索特定的品牌。他们想要的是解决问题的方案，而不是品牌。

很多人认为，如果写的内容与产品无关，那么会浪费很多的时间和精力。但是如果对于刚关注你的客户，你就做"硬广"，不仅不会让他们购买，你还会失去他们对你的关注和兴趣。

2. 验证阶段：让客户知道你是谁

处于这个阶段的客户想知道你是谁。所以内容需要深入介绍问题解决方案，回答客户的问题。在内容中，你可以适当地提到如何通过你的产品帮助客户解决问题。

客户不愿意付费的内容通常犯的都是同一种错误：光想着别人，却忘记了自己。文章说了很多实用的"干货"，但是和自己的产品没有任何关系。虽然阅读量暴增，但是转化率极低。能让客户愿意付费的内容，一定既让客户感兴趣，又包含了产品价值，如图 4.13 所示。这种内容才能既让客户愿意读下去，又让客户对你提供的产品或服务产生需求。

图 4.13　内容需要兼顾客户兴趣和产品价值

但是，如果在内容中过于频繁地提到产品，效果可能会适得其反。一定要保证你的内容可以给客户提供真正的价值，让他们即便不买产品也可以根据你介绍的方法解决问题。

有些人会提出疑问："都已经教会他们怎么做了，怎么可能还会有人买我的产品？"

这些"干货"内容虽然可以教会客户一些方法，但是你的产品可以让客户更快捷、方便地解决问题。

所以，通常的情况是如果你可以教会人们在不需要你的情况下也能解决问题，那么他们将会更加愿意让你获得回报。为什么呢？因为你提供了一个选择的机会：是自己学习能够解决问题但是效率不高的方法，还是花钱购买产品更快更好地解决问题？这种方式让客户感觉到被尊重。

3. 决策阶段：打消对产品的疑虑

处于这个阶段的客户已经对产品足够感兴趣，此时是销售、宣传的最好时机，可以有针对性地介绍产品，来打消客户对产品的疑虑，促使成交。

基于客户所处阶段的内容培育路径贯穿于客户从第一次接触产品到最终成单的整个过程，它不是一蹴而就的，而是一个营销闭环，如图4.14所示。

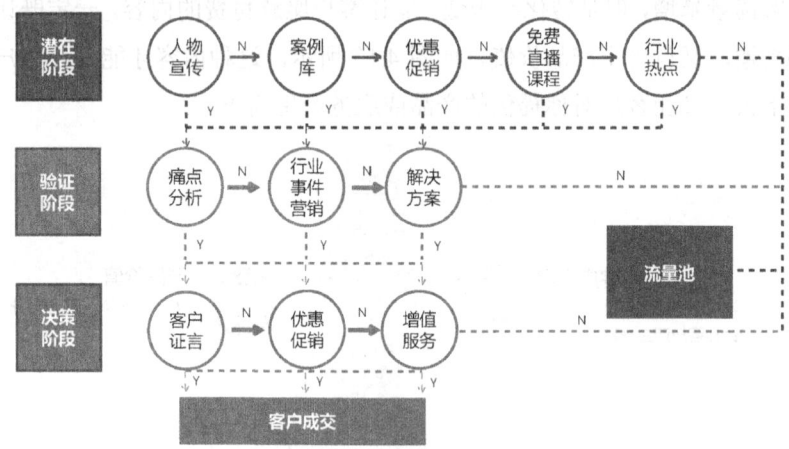

图4.14 基于客户所处阶段的内容培育路径

以下是小新对处于不同阶段的客户与内容的匹配建议，大家可以根据自己的行业特点进行微调，并且与B端内容运营选题计划表进行整合。

- 对处于潜在阶段的客户，用人物宣传、免费直播课程等方式吸引他们的关注。
- 对处于验证阶段的客户，用专业性更高的解决方案、行业事件营销等让他们对产品有更深入的了解。
- 对处于决策阶段的客户，用客户证言、优惠促销、增值服务等手段，给他们提供一个购买的理由。

这三个阶段使用的内容要层层深入。对于那些对内容没有产生任何兴趣的客户，不能直接放弃，可以放到流量池中慢慢培养。

4.4.4 内容生产技巧

基于现有资料快速生成好内容有三个技巧。

- 第一个是分工协作。我们可以把容量相对大的内容拆成一个个小模块，分工负责。

- 第二个是利用专家。高质量内容要由懂业务的人来做，可能是公司高管或者核心人员，这样可以快速提高内容的生产效率。
- 第三个是提高内容复用性。有好多内容经过稍微加工就可以复用。比如，每个大客户的资料可以生成深度案例，案例集合在一起又变成了案例集。再比如，工具类产品介绍经过更改包装形式就可以变成教人使用工具的课程。

此外，内容生产也有一些"套路"可以参考。图 4.15 为我们提供了一个"套路"进行参考。B 端内容可以遵从提出问题（行业、产品、服务）、扩大影响、讨论解决方案、提出观点或论证、解决问题（案例）、解决问题后带来的客户价值六个步骤来进行生产。

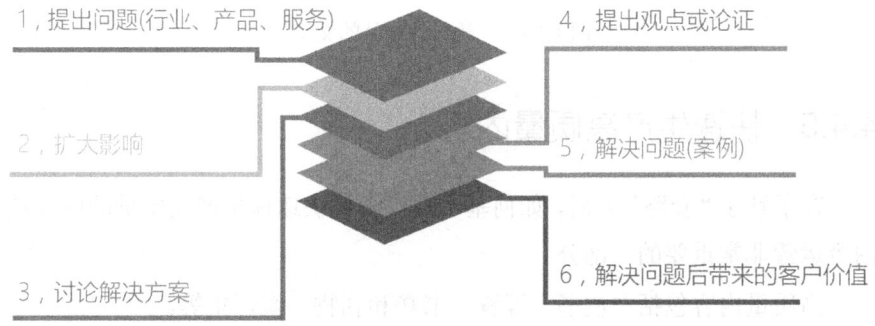

图 4.15　B 端内容生产"套路"

图 4.16 所示是一款红外产品的文案，这个文案应该是一篇 B 端运营的标准文案。整个内容是按照提问题、解决方案、案例、实际价值来进行的。大家在实际的内容创作过程中可以按照这样的方式去操练。在对整个"套路"非常熟练之后，再融入各种技巧，进行各种类型的营销改造。

在进行各种营销改造的时候，还需要注意三点，这三点是让客户产生兴趣的内容因素。

- 内容质量：判断质量是否足够优质、精良。
- 问题解决：是否能够帮助客户有效解决问题。
- 重要意义：是否对客户有重要意义。对客户来说，有作用是非常重要的。

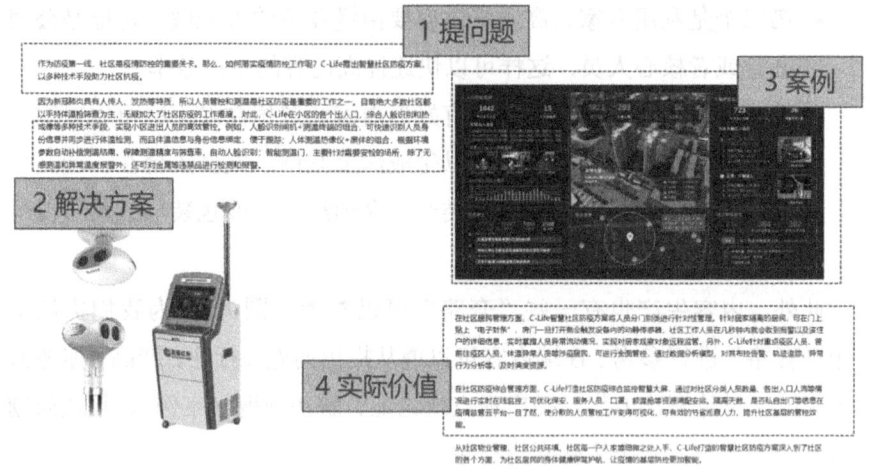

图 4.16 一款红外产品的文案

4.4.5 快速生产高质量内容

在了解了"套路"之后，如何基于现有资料快速地生产高质量的内容是内容运营非常重要的一部分。

高质量内容包括白皮书、课程、书籍和刊物、案例集等。

1. 白皮书

白皮书属于高质量内容，在内容收集方面，我们可以从国外的网站和一些媒体机构去收集一些内容和相关的数据。不建议直接照搬国外的白皮书内容，有时效果并不太好，会让客户认为公司投机取巧，从而导致公司的公众形象不佳，所以还需要公司加深对其业务的理解，从而形成自己的白皮书内容。

比如，"致趣百川营销平台"的白皮书解读版，如图 4.17 所示。此白皮书里面的一部分内容是根据 2019 年北美科技行业内容营销行业基准而来的。"致趣百川营销平台"在每一页加入自己的解读，并且用一些特殊的颜色标注出来，还将这些内容定义为解读版。这是可以高频产出的一种白皮书。

图4.17 "致趣百川营销平台"的白皮书解读版

2．课程

课程的生产成本相对比较高。有好多企业的CEO出去演讲，讲的都是公司介绍、业务流程等，这些内容的价值不高。如果将这些内容转换成课程，可以大大提升价值感。

我们可以参考一些课程框架，快速地做一门课程出来，比如，行业趋势、行业痛点、解决方案、案例、企业介绍和产品介绍，并从这些课程框架里梳理一门课程的内容。

行业趋势、行业痛点等我们可以在网上寻找；解决方案、案例、企业介绍和产品介绍这些内容属于企业基础内容，一般企业内部都有。需要注意的是，你不是在为企业做广告，而是在讲一些内容，需要把企业已有的内容换个形式，如将工具类产品介绍转变成教人使用工具的课程。

还有一种办法，就是把一个大的主题拆成一个个的小主题，然后进行内部分工，如找几个高管来完成相应课程内容的开发，最后由一个人来整合，这也是一种快速生产课程的方式。

3．书籍和刊物

书籍和刊物是非常好的高质量内容，我们把它们出版出来，之后再通过一些发行渠道，如书店、电商平台，帮助企业建立一个很好的品牌，起到获客的效果。

很多企业想要创作一本书，感觉没有一两年做不出来，怎样快速生产呢？

- 第一种方式是老板、合伙人或核心人员独自出书。如果企业有人在内容积累和业务理解方面非常强，可以由他一个人快速完成。如果他比较忙，可以整理他平时讲解内容的录音，将其转化成文字编撰成书。
- 第二种方式是在共同梳理框架后再进行内部分工。团队内每个人写一部分的内容，这需要有人在汇总之后重新梳理一遍。因为每个人的语言风格不一致，需要有人进行润色、统一风格。这种方法的难点在于确定目录结构。小新之前带领同事写过一本关于如何开发微信小程序的书。这本书采用的就是这种方式，由小新定好目录结构，随后团队按任务分配进行各部分内容的写作。

4. 案例集

案例集如何快速生产呢？我们可以从产品、行业、客户的业务场景等不同角度把案例梳理出来，然后把这些案例做成一个案例集，也可以做成一个HTML5页面（移动端Web页面）。这个过程比较容易完成。我们可以将这些内容作为"弹药库"发给公司销售人员，提高获客率。

如果有大客户，可以把大客户痛点、服务过程中的问题与解决方法、结案PPT等内容整理出来，找公司内部最了解详情的人进行分析，再把分析的内容整理成文字，从而快速生产高质量的案例集。

4.4.6　B端内容包装案例

至此，可能你的心里对内容还是有些恐慌。接下来让我们看一些优秀的案例，帮助大家做到心中有数。

1. 普通图文类

图4.18所示是华为云产品的一则案例，它非常清晰地介绍了云产品的特色，深度理解客户的痛点，并提供了简单、直观的解决方案。

第 4 章　B 端内容及活动运营

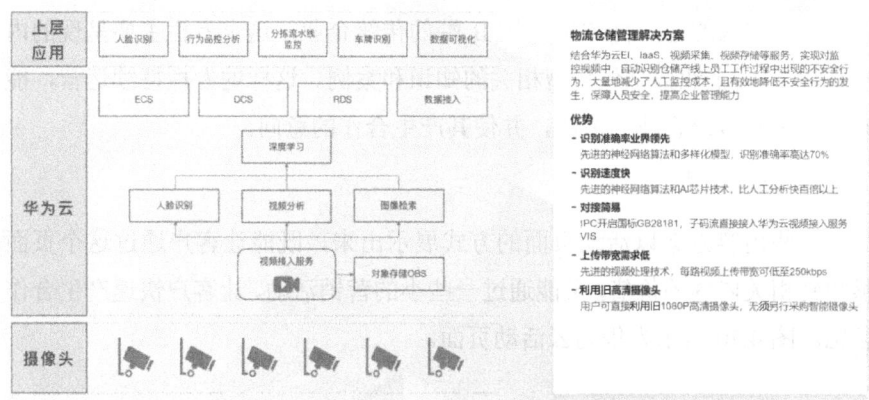

图 4.18　华为云产品的案例

2. 海报

海报其实是一种内容及活动告知类的营销形式。将企业的相关内容精编成海报，便于客户快速理解，也便于我们快速传播。

3. 专栏

由企业构建一个自己的品牌专栏，在专栏里可持续沉淀和主题相关的专业性内容。图 4.19 展示的是中大咨询首席顾问专栏。

图 4.19　中大咨询首席顾问专栏

中大咨询的客户群体是一些 B 端的传统企业，这个专栏主要呈现的内容是与 B 端企业数字化转型相关的知识和案例。这样的专栏持续运营，能够有效引起传统企业的关注，并使其产生合作的意向。

4．活动页面

一些内容方案以活动页面的方式展示出来，既能让客户通过这个页面感知到相关内容的价值，又能通过一些小的营销活动，让客户快速产生合作意愿。图 4.20 所示为华为云活动页面。

图 4.20　华为云活动页面

5．白皮书

在上文中小新已经提到白皮书内容的价值。一本好的白皮书的输出，一定能引起整个行业的关注。图 4.21 展示了阿里云发布的安全白皮书。

白书皮的撰写周期相对会长一些，所以这种内容运营方式通常更适合已经服务多年的中大型 B 端企业。

6．音视频

企业通过音视频的形式来沉淀运营内容，能够更加直观地展现产品价值。这种内容运营方式需要我们先做出文案，然后再以音视频的形式来承载。

7．纯视频

在纯视频的内容运营方式中，我们先输出文案，然后将其拍成独立的视频,最后把成品视频放到一些短视频平台上持续宣传。这种视频的内容给客户带来的冲击会更大,也更有利于传播。

可靠、可控、可见的云上全栈数据保护体系

白皮书清晰地给出了数据安全生命周期,从数据采集、数据传输、数据处理、数据交换、数据存储、数据销毁六大节点给出保护数据安全的解决方案。

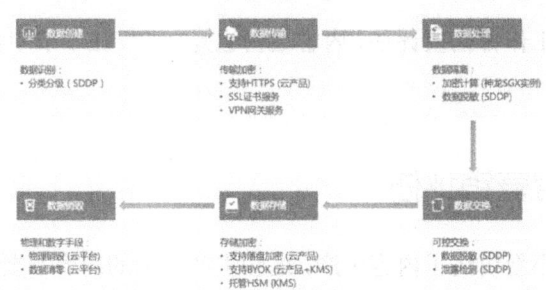

基于数据安全生命周期,白皮书提出了云上全栈数据保护体系:可靠的全链路数据加密,且密钥仅为用户所有,并完全可控;将云平台内部操作日志透明化给用户,通过用户可实现对数据的实时监控和审计。以层层递进的数据保护体系,让企业安心上云。

图 4.21 阿里云安全白皮书

8. 课程

公司内部的产品研发负责人可以通过技术分享的形式输出相关课程,以此来赋能 B 端下游企业,这是内容运营中后阶段,也就是服务阶段的一个价值点。图 4.22 所示是腾讯企点的课程。

图 4.22 腾讯企点的课程

这种内容运营方式更适合需要长期构建专栏或者有持续培训需求的企业。

4.5 内容评估

任何一项工作都需要评估，内容运营也是如此。在本节中我们来看一下B端内容评估。

4.5.1 内容营销评估

在上文中小新讲述了内容生产，这些生产出来的内容需要评估，以便了解内容营销的效果。其中涉及很多评估维度。总而言之，**是不是有转化**是评判内容营销是否成功的重要标准。

评估方法有很多种，第一种是四度空间法，分别从能见度、喜爱度、行动度、分享度四个角度进行评估。

- **能见度**：触及率，曝光次数（内容被观看次数）等，衡量有多少人看到及看完内容。
- **喜爱度**：引起观看者兴趣的程度，如跳出率。
- **行动度**：是否成功驱动客户采取行动，如点击率。
- **分享度**：衡量内容被传播的情形，如分享率。

如果你想要细致地分析内容的转化，可以通过第二种方法即内容效果评估维度法进行内容评估。这种评估方法包括对六个指标的评估，如图4.23所示。这六个指标也可以分为三部分。

- **表层内容数据指标**：内容的曝光量级、点击量级、分享量级是常规的表层内容数据。
- **实际转化数据指标**：咨询量级、有效线索是阶段运营为产品带来的实际转化数据。
- **行业热度指标**：行业热度指标指的是在阶段内容运营后行业的关注

度和搜索热度等。如果在线上持续运营，那么需要用百度等搜索工具查询搜索指数、关键词热度等，再通过与上一阶段的数据进行对比衡量实际效果。

图 4.23　内容效果评估维度法

通过这两种不同维度的指标分析，我们能够有效地了解内容所带来的转化以及目标用户对内容的接受程度。

当然，还有更加详细的关于数据的分析，我们会在后面的章节中进行讲述。这里仅仅是对内容进行一些粗浅的评估，帮助我们找到改进的方向即可。

4.5.2　通过内容调整进行营销改进

绝大多数内容创作人员不可能一次就创作出爆款内容，爆款内容的创作是一个不断迭代的过程。我们需要根据评估的结果反复地调整内容策略或内容生产过程，以便提升整个内容的质量。

1. 发现问题

比如，智能家居产品营造家庭温馨气氛的内容题材，成效好像不显著，需要找到问题点或者改进的方向。

2. 调整策略

比如，目标客群的年龄层需要下调，改用年轻群体作为宣传目标，寻找可能的解决方向。

这就好像是一个错题集，我们需要把每次的爆款内容和非爆款内容记录下来，通过对内容的一次次矫正，寻找到目标客户的兴趣点，慢慢摸准目标客户的内容偏好，这样才能帮助我们更好地进行内容创作。

4.6 活动运营

讲完了 B 端的内容运营，接下来就是令人激动又让人有些胆战心惊的活动运营了。内容的打磨尚且需要时间，那么，一项活动从有想法、目标到执行，其中涉及的细节、流程繁杂，运营人员要如何完成一项活动的策划和执行？这就是我们在本节中需要一同学习的内容。

4.6.1 活动运营概述

活动运营是根据**既定目标**，通过**策划并执行短期活动**，在一定时间内**快速提升业务指标**的运营手段。

活动运营的定义看似很简单，也不难理解，但是它表明了大部分活动运营的工作要点和工作要求。为了方便大家理解，小新单独把定义里面的关键词拿出来解释一遍。

1. 既定目标

在开展活动之前，必须要设立明确且可量化的目标。

一场活动的目的可以是吸引客户关注，可以是拉动客户做贡献，也可以是强化客户认知或者增强客户黏性。在明确目标之后，才能够有效思考、规划接下来需要做的事情。

在明确目标之后，我们需要把这个目标转化成一个可量化的数字。比如，为了给自己的网站带来更多流量，你打算策划一场活动。那么，"为网站带来更多流量"则是一个目标，把这个目标进行量化，即在一个星期之内为网站带来 2000UV。类似于这样的目标，就是明确且可量化的目标。如果没有明确的目标，策划活动就变成了为了活动而活动，最终一味地追求活动的规模，但无法为企业带来实际的利益和价值。

2．策划

策划属于活动的设计阶段，需要确定活动的主题、时间、对象、方式、目标、预算、流程等，相当于为活动做整体的规划。

在活动开展期间总是避免不了突发情况，甚至有时候非常小的细节就会让一场活动的效果大打折扣。正因为如此，一场活动往往需要周密、翔实的策划方案，以及在每个环节设置备用方案来应对突发事件，保证活动效果。

3．执行

到了执行阶段，说明整个活动开始正式进入落地运营的阶段了。"执行"这两个字看似简单，却包含了好几个环节——确认资源、宣传投放、线上运营。我们分别对这三个环节做一些简单的介绍。

- **确认资源**：任何一个活动的完成，都需要多个部门的协调配合。比如，你需要跟老板去确定预算，跟技术部门去协调进行开发测试，跟产品部门、市场部门、客服部门甚至是行政部门去协调活动中所需要的资源，进行确认。
- **宣传投放**：在跟各个部门确认好资源之后，就需要进行宣传和投放了。也就是需要找到触达活动对象的渠道，有时候还需要找对应的媒介去协调活动的展出位置。通常为了使活动有效果，可以进行一些预热活动，以便根据预热活动的效果进行活动的后续优化和调整。
- **线上运营**：在活动上线以后，整场活动就会按照计划让客户参与进来。我们要监测活动的数据和客户的反应，以便实时地进行调整和优化。有时候还需要对一些突发情况进行处理。

4．相关指标

在每场活动结束之后，一定要认真做好复盘工作，对整场活动的细节、数据进行分析。

将活动期间获得的数据与活动前制定的目标做比较，进行活动效果的评估，再对取得这种效果的原因进行分析、归纳和总结。具体来说，我们需要对数据产生波动的地方进行分析，找到这种波动背后的原因，进行归纳总结，争取在下次活动中取长补短。

4.6.2 活动运营的价值

在讲解活动运营的价值之前，小新先来问大家一个问题：

如果你负责某项 B 端业务，在举办一场活动时，你认为什么指标能衡量活动效果？

A、曝光量或者点击量　　　　B、活跃度

C、转化率（数据和线索）　　D、品牌的精准触达

有的人会说："我要把活动页面的曝光量、点击量提高，所以选 A。"这是不太严谨的，因为 C 端的活动玩法并不适合 B 端业务，一味地追求高曝光量和高点击量对活动最终效果来说并没有多大的价值。所以，大家应该把曝光量与点击量当作常规的渠道转化指标，而不是衡量活动效果的指标。

在 B 端业务当中，客户的活跃度也不是我们采纳的关键效果指标。虽然客户的活跃度很高，但没有转化，所以这个数据没有那么重要。

转化率包括数据转化率和线索转化率，这个指标才应该是衡量活动效果的指标。

至于品牌的精准触达，其重点是"精准"两个字，也就是说，我们在品牌建设和宣传的过程当中一定要触达目标客户，而不是一些普通客户。

所以答案应该是 C 和 D。

在思考过这个问题之后，你或许更加了解活动运营的价值。如图 4.24 所示，活动运营的价值体现在品牌营销、精准获客、销售转化三个方面。

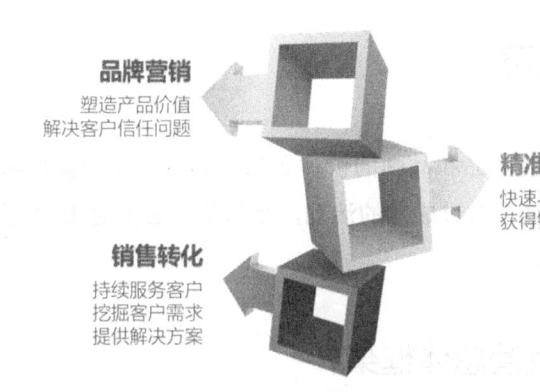

图 4.24　活动运营的价值

- **品牌营销**：通过 B 端活动运营塑造产品价值，以便逐步解决客户信任问题。
- **精准获客**：通过活动快速与潜在客户建立联系并获得销售线索。
- **销售转化**：通过持续服务客户挖掘客户需求，提供解决方案，最终达成订单转化，完成销售指标。

有的人会问："活动运营这么有价值，咱们多搞几次吧！每周一次怎么样？"有些人比较谨慎，他们会问小新对举办 B 端活动的频率有什么建议。不管是线上活动，还是线下活动，每个月举办几次比较合适呢？

市场上很多针对中小企业的软件产品几乎每个月都做线上促销活动，而更全面的解决方案级产品可能每年才举行一次线下活动。

如果你对活动的目标很明确，并且对为什么定这个目标有了深刻的理解，那么，你做几次活动都是合理的。这其实没有标准答案。它不像做 C 端电商类活动，你可能会发现京东、天猫每周都有林林总总的优惠促销。

小新在两年的时间里观察了近百家 B 端企业的活动策略执行情况，发现 B 端活动并没有所谓的规律可遵循。所以小新的建议是根据企业自身条件，先尝试做 1~3 次活动。当复盘活动带来的效果是正向结果时，再进行总结、标准化及复用。

4.7　B端活动运营

在了解了活动运营对产品和品牌的价值之后，大家肯定对如何做活动非常感兴趣了。不管你是否做过成功的活动，小新都有必要对B端活动运营详细地进行一次介绍。

4.7.1　B端活动运营总体框架

图4.25所示的B端活动运营总体框架能够帮助我们了解整个活动从活动前的策划预备期到活动后的复盘总结期都经历了什么。

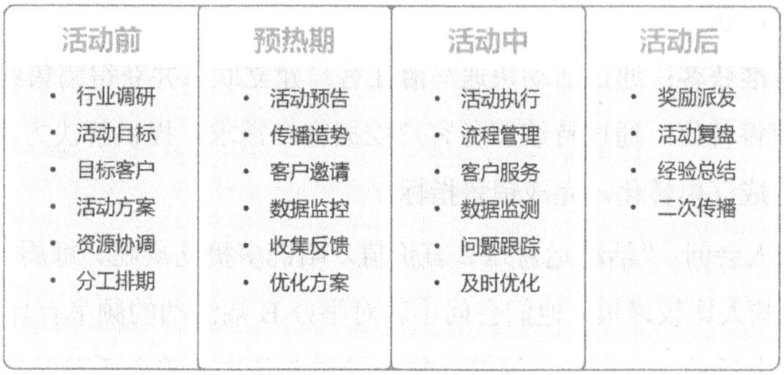

活动前	预热期	活动中	活动后
• 行业调研 • 活动目标 • 目标客户 • 活动方案 • 资源协调 • 分工排期	• 活动预告 • 传播造势 • 客户邀请 • 数据监控 • 收集反馈 • 优化方案	• 活动执行 • 流程管理 • 客户服务 • 数据监测 • 问题跟踪 • 及时优化	• 奖励派发 • 活动复盘 • 经验总结 • 二次传播

图4.25　B端活动运营总体框架

通常，一场活动分为活动前、预热期、活动中、活动后四个阶段。

1. 活动前

我们需要对行业、客户以及自身的活动诉求有充分的了解。

- **行业调研**：调查基本的行业情况、客户情况、客户需求、友商活动历史等。
- **活动目标**：确定本次活动的目标。
- **目标客户**：计划邀请什么样的客户参与活动。
- **活动方案**：指活动内容撰写。
- **资源协调、分工排期**：指活动需要的资源梳理以及活动开发等排期工作。

2．预热期

我们需要对活动预告、传播造势以及数据监控等进行关注，随时调整后续活动的走向。

- **活动预告、传播造势**：通过海报、图文、视频等形式提前向目标客户预告本次活动，达到定向宣传的效果。
- **客户邀请**：拟定邀请对象。
- **数据监控**：监控内容包括预热内容宣传效果、客户邀请及确认等数据。

3．活动中

正常的活动运营实施包括活动执行、流程管理、客户服务、数据监测、问题跟踪和及时优化。

4．活动后

除了活动收尾工作，团队还需复盘本次活动的目标是否达成，记录和反馈活动中出现的问题，避免下一次活动再出现同样的问题。

因为活动实施期间的不可控因素较多，所以并不是每次活动都要追求完美或成功。企业领导者更希望看到团队在每次执行活动期间的思考。无论是成功还是失败，能总结做得不好的地方，并在下一次活动中及时调整，这才是运营人员真正的收获与成长。

此外，我们还需要将活动的亮点数据提炼出来，进行二次传播，以达成业务传播目标。

4.7.2 活动方案撰写流程详解

在了解了 B 端活动运营总体框架之后，我们再来看一看活动方案的撰写流程，如图 4.26 所示。

图 4.26 所示的活动方案撰写流程是行业中大部分运营人员撰写活动方案的通用步骤。

- **行业调研、主题/时间/地点、活动规则和流程**：这几项无须多说，大家可以根据自身业务特点和活动目标自行撰写。

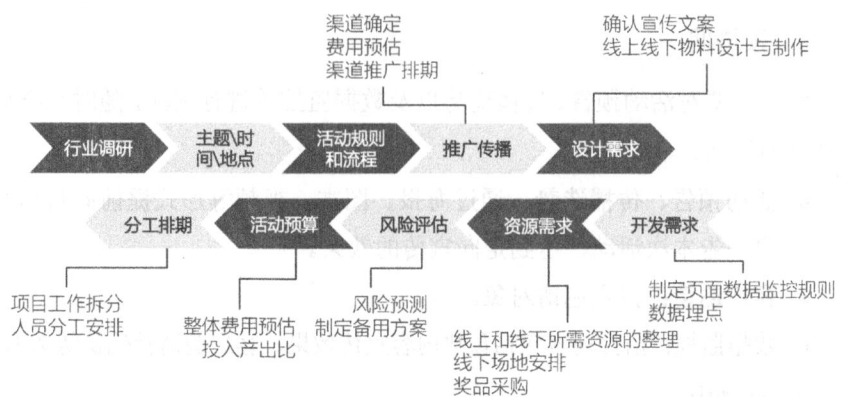

图 4.26 活动方案撰写流程

- **推广传播**：推广传播指的是这次活动需要使用的渠道有哪些、费用的评估以及渠道推广排期。
- **设计需求**：设计需求指的是需要确认宣传文案、线上线下物料设计与制作。如果线上活动页面需要研发支持，还需要进行研发类需求文档的书写与评估。
- **开发需求**：产品经理和研发人员需要一起制定页面数据监控规则，对活动页面进行数据埋点，以便后续进行数据监测与分析。
- **资源需求**：线上和线下所需资源的整理、线下场地安排、奖品采购等。
- **风险评估**：我们需要对活动进行风险预测。比如，客户邀约过程出现到场客户数量不够或者渠道效果不好的情况，我们如何制定备用方案来确保活动正常执行？
- **活动预算、分工排期**：这两个步骤属于项目管理方面，各个企业都有对应流程，小新就不再赘述了。

4.7.3 活动邀约流程

很多 B 端企业在做线下活动期间都会遭遇活动邀约客户的不确定性。通常活动邀约流程分为 4 个步骤，如图 4.27 所示。

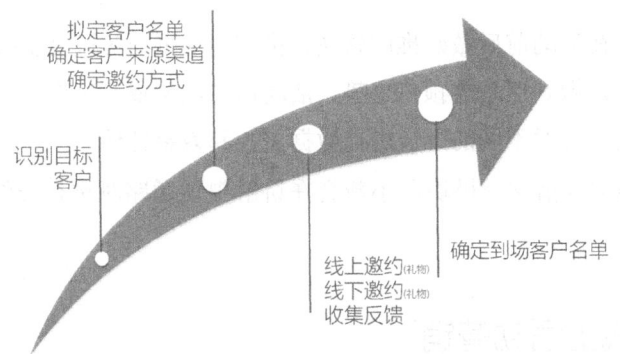

图 4.27　活动邀约流程

- 首先是识别目标客户。我们希望哪类客户参与活动？是产品使用者、产品影响者、产品决策者，还是产品发起者？
- 在识别目标客户之后，接下来需要拟定客户名单、确定客户来源渠道和确定邀约方式。这需要根据客户的远近亲疏进行一定的衡量，重要的客户可能需要线上和线下同步进行。在确定后再寻找合适的触达渠道。
- 在经过正式邀约及收集反馈后，通常可以确定到场客户名单。

在活动运营中，渠道传播通常是一个让运营人员感到头痛的方面。小新在这里粗略阐述一下如何进行渠道传播，如图 4.28 所示。

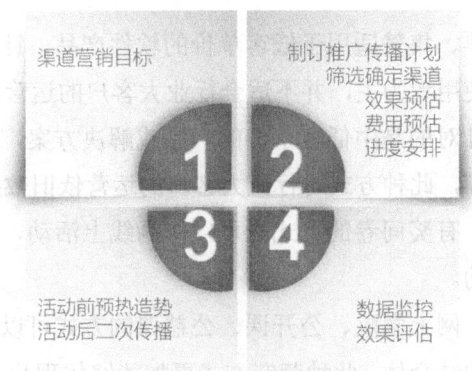

图 4.28　有效的渠道传播

- 首先，你需要明确渠道营销目标。
- 其次，制订推广传播计划、筛选确定渠道、进行效果预估和费用预估，在活动前后做好推广软文、推广活动页面等进度安排。
- 第三，做好活动前预热造势、活动后二次传播等工作。
- 最后，针对不同的渠道进行数据监控和效果评估。

关于渠道传播这个模块，小新会在讲解渠道通路时进行详细的拆解和阐述。

4.7.4 线上活动营销

1. 线上活动营销方式

小新总结了一下线上活动营销方式，如图 4.29 所示。

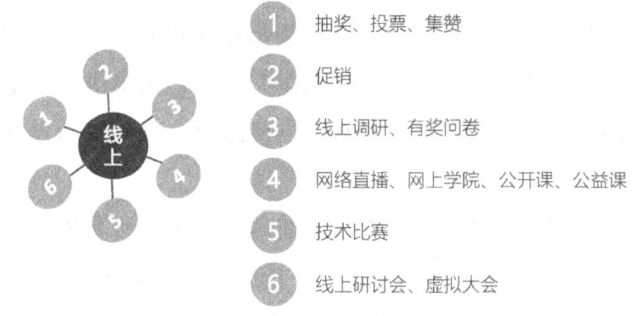

图 4.29　线上活动营销方式

- 抽奖、投票、集赞适用于低客单价的软件产品，针对的活动目标客群以产品使用者为主，并不适合行业大客户的运营。
- 促销方式针对的是中低客单价的产品或解决方案，达到加速转化的效果。同样，此种方式对行业大客户的运营依旧效果较差。
- 线上调研、有奖问卷的方式既可以作为线上活动，也可以作为前期的调研活动。
- 网络直播、网上学院、公开课、公益课的方式可以作为内容营销与活动营销的结合体。此种营销方式更加能够体现出产品的价值，容易吸引行业中大型客户的目光。
- 同时也可以开展技术比赛、线上研讨会、虚拟大会等活动，达到品牌营销的效果。

2. 线上活动营销案例

我们先来看某聚合支付平台的案例。

2014年4月，某聚合支付平台推出第一版产品。这款产品拥有和支付宝、微信支付不一样的定位，当时国内市场是没有这个细分领域品类的。于是该平台创造了一个支付新名词——"聚合支付"，并且围绕它开展了一系列的产品推广、客户获取、品牌打造等市场教育活动。

- 主打产品开发者市场。为了在产品开发者中间制造影响力，该平台举办了一场线上黑客马拉松比赛。这场开放性活动让近500名产品开发者参与，他们中的绝大多数成为产品的第一批"粉丝"。
- 为了推广品牌，该平台又开展了一系列活动，打造爆款营销产品——"一分钱代言"，开创收费营销的先河。

该聚合支付平台推出一款B端产品，是希望引起产品开发者和研发型企业的关注。他们能够帮助该平台提高研发效率，极大地简化其与移动支付渠道和消费分期渠道的对接过程。那么，在推出第一版产品之后，运营人员需要为活动运营制定一个什么目标？

产品已经推出，他们需要做的就是精准营销并提高产品在目标客户群体中的曝光率，从而引起产品开发者的注意并使他们对品牌、产品感兴趣。通过开展两场营销活动，该平台吸引了近500名产品开发者和过万的一分钱支付体验者。

如果你是这款B端产品的运营人员，在产品推出后，你打算如何进行推广？请你试着撰写一下活动策划。大家可以在小新的微信公众号上找到这款产品的活动策划并进行对比，看看自己的思路是否足够清晰、明确。

第二个案例是腾讯云与阿里云的限时抢购活动，如图4.30所示。

腾讯云在官网进行了云产品限时秒杀活动，这其实是一个降价促销的方案。阿里云在疫情期间推出了几乎免费赠送的一门辅导课——云计算ACP认证在线辅导课。1分钱可以买到原价999元的辅导课，阿里云通过赠送课程来获取目标客户的信息，加强客户信任，以达成后续的持续转化。

▶ 小新说运营：B 端产品运营体系解析

图 4.30　腾讯云与阿里云的限时抢购活动

在这个案例中，我们能够看到一个活动运营需要注意的点。这个点就是注意同行的活动，并且在对方的活动思路下开展更进一步获取客户好感的活动。阿里云抓住了目标客户在疫情期间的学习需求，并且进行几乎免费的促销活动，这其实能够获得目标客户非常多的好感，也让目标客户对品牌与产品更加认同。

4.7.5 线下活动营销

1. 线下活动营销方式

线下活动营销方式有哪些呢？

如图 4.31 所示，线下活动营销方式有峰会、沙龙、研讨会、圆桌论坛高端对话、渠道/代理商大会、经销商会议，还有常见的产品推介会、新品发布会等，很多企业还会通过行业参展、行业交流会的渠道一起合办活动，获得客户认可。同时还可以通过客户分享会、客户私享会的形式打动同类客户。大型公司会每年举办颁奖典礼、年度盛典、客户答谢晚宴等活动，以提升品牌效应。

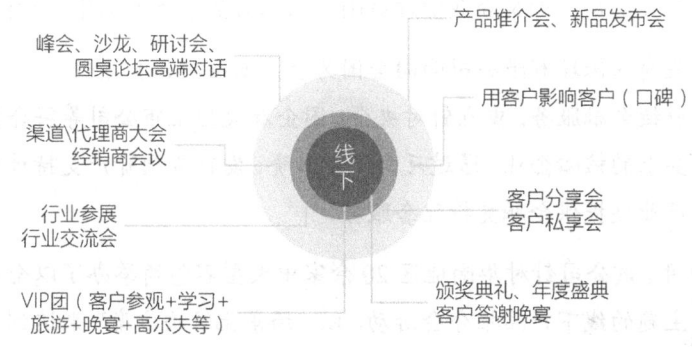

图 4.31　线下活动营销方式

大家可以根据各自企业的规模和预算进行线下活动营销方式的选择。做选择之前你需要明确你的目标是什么。下面我们来看两个案例。

2. 线下活动营销案例

第一个案例是 2019 某行业生态伙伴大会的案例。

2019 某行业生态伙伴大会的主题是"因聚而生、智能进化"。

某领军企业联合生态伙伴在超过 11000 平方米的主展厅及智能体验岛内展示了"行业+AI"的真实场景化体验，大会吸引了两万多位嘉宾参加。

大会呈现了包含 20 个智能应用场景的体验点，并通过 5G、物联网、云等技术，打通岛、馆、厅之间的障碍，实现无边界的智能体验，多维度展示智能进化所需要的各种要素。

真实在线的沉浸式智能体验，让参会者充分了解领军企业与生态伙伴在 AI 使能行业上的巨大努力。

我们能够看到，举办生态伙伴大会的主要目的是构建一个生态共赢圈，让领军企业通过自身的实力和新技术的加成为整个行业赋能。这是达到一定量级的企业才能够做的活动运营。这样做的目的是让整个行业认同该领军企业的战略思路，并且能够配合它接下来的一系列动作。生态共赢、技术共享、行业共同进步，这是该领军企业举办生态伙伴大会的思路与目标。

第二个案例是深圳某商业保理有限公司举办的线下产品推介会活动。

深圳某商业保理有限公司面向全国为全产业链提供全方位、专业化、标准化的供应链金融服务。重点针对央企、国企及大型上市公司等符合供应链金融基本要求的核心企业，通过反向保理融资、发行专项资产支持计划等方式，为全产业链提供金融支持配套服务。

2019 年，该公司针对华南地区 20 余家中大型零售商举办了以全链条保理业务为主题的线下产品推介会活动，以"场景化解决方案"来达到品牌营销和精准获客的目的。

在推介会上，该公司以"大客户证言+案例分享"的形式吸引了华南地区 24 家中大型零售商参与交流。在活动举办后的 3 个月内，该公司成功锁定 7 家目标合作企业，最终为 5 家企业完成保理服务，保理服务金额超 26 亿元。

该公司的保理系统如图 4.32 所示。

从这家公司的案例中，我们可以总结，这类客户相对比较垂直、级别高，客单价较高的业务显然更加适合线下活动营销。通过线下组织产品推介会的形式，更能获得同级别客户的信任。

这种线下活动可以复用线上海报、企业内部的成功案例集、大客户证言等内容，更加容易举办。主要难点在于目标客户的邀约。目标客户的邀约流程如下所示。

识别目标客户——>拟定客户名单——>确定客户来源渠道——>确定邀约方式——>线上/线下邀约（礼物）——>收集反馈——>确定到场客户名单。

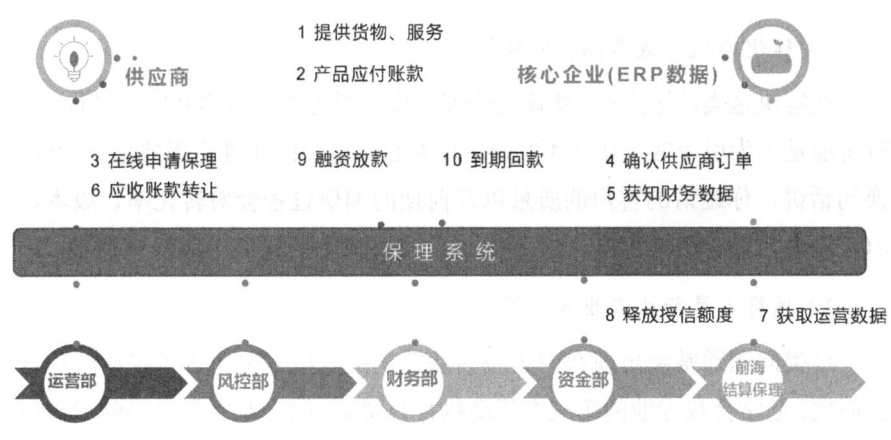

图 4.32　深圳某商业保理有限公司的保理系统

4.7.6　B 端活动运营的风险点与新趋势

1．B 端活动运营的风险点

在讲了 B 端活动运营的价值点以及各种好处后，接下来小新要给大家讲解 B 端活动运营的风险点，如图 4.33 所示。

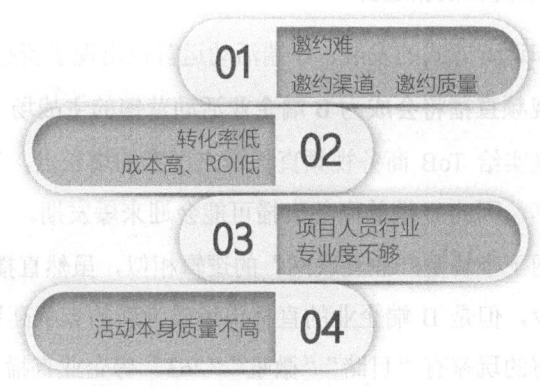

图 4.33　B 端活动运营的风险点

105

1）邀约难：客户邀约渠道和邀约质量有问题

这个问题主要是由前期我们对活动背景调研不充分，也没有掌握精准的渠道数据，对客户属性理解得不够清晰造成的。

2）转化率低、成本高、ROI 低

在解决这类问题之前，建议先研究友商同类方案的成本和实施过程。还有可能是因为引流客户质量不高，所以对目标客户的属性更需要重新理解。换句话讲，你邀请的客户的质量以及前期的调研过程会对转化率、成本、ROI 这些因素有影响。

3）项目人员行业专业度不够

这类问题通常会出现在中大型活动营销中。很多公司为了快速解决这类问题，通常会找专业的第三方活动执行公司来帮忙，从中学习经验后再自行开展活动。所以小新建议运营团队提前评估经验和资源，可以先尝试做一些小成本的活动营销，从中萃取专业经验。

4）活动本身质量不高

这个问题可以从两个角度理解，一个是客户对我们的活动不满意，第二个是自身活动的效果差。但这两个角度的根结都属于活动前期的预期设定及规划问题。

2．B 端活动运营的新趋势

随着科技和运营方式的发展，B 端活动运营也出现了新趋势。

趋势一：视频直播将会成为 B 端企业活动营销的主战场

直播热潮确实给 ToB 商务视频直播带来了新的增长点，这种传播方式成本低、易分享，因此 B 端的商务直播可能会迎来爆发期。

与"互联网下半场是产业互联网"的逻辑相似，虽然直播行业在 C 端的红利开始减少，但是 B 端企业的直播市场成为新的竞争高地。在企业直播领域中，目前的玩家有"目睹""微吼""263"等企业直播方案提供商，和一些盯上了企业直播的娱乐直播平台，如"映客"、电商直播。"目睹"在

2017年完成近亿元融资,"微吼"对外宣布完成2.3亿元的D轮融资,也预示着B端直播市场的"春天"到了。此前艾媒咨询的《2018企业直播营销专题研究报告》指出,2019年中国直播营销市场规模将达到50.6亿元,到2022年将达到76.3亿元。

趋势二:多种形式的组合营销

随着科技逐渐成熟,线上和线下的组合营销方式将会给B端行业的客户带来更多的视觉体验与冲击,相信未来客户会更认可此类营销方式。

一些B端线上售房平台推出的营销组合,在互联网以及AI技术的加持下,已经呈现出蓬勃的生命力。这些线上售房平台在接入房产商后,通过设备采集房型,使用虚拟现实技术,使客户通过3D眼镜或者线上操作即可直接看房,而且还能选取不同时间查看房型的采光,满意后直接对接销售员进行跟进。线上线下结合营销为房产商售房以及带客户看房提供了非常大的便捷,并提升了效率。

4.8 本章内容总结

本章的内容琐碎且繁杂,希望小新的讲解和对案例的分析能够让你对B端内容及活动运营体系有深入的了解。思维导图能够帮助你整理并扩充理论知识。

- 内容运营概述
- B端内容运营的步骤
- 内容定位
- 内容生产
- 内容评估
- B端活动运营
- B端活动运营步骤

对于以上知识点，希望大家认真理解并做好整理，在实际工作中有所运用。

如果你遇到非常好的案例和活动，不妨拿起笔写下活动的流程和细节。这些好习惯能够帮助你成为更加优秀的运营人员。

第 5 章
B 端渠道运营

5.1 渠道运营概述

5.1.1 什么是渠道

按照科特勒的说法，营销渠道是一整套相互依存的组织，这套组织促使用户顺利地使用或消费产品及服务。它们是产品或服务在被生产出来之后所经历的一系列途径，以产品或服务被客户购买并消费而告终。对产品来说，只有进行了分发、下载、获取、最终到达客户手中被使用，才算完成了自己的价值使命，所有沟通产品分发、下载、获取、到达客户手中等过程的流通途径就是渠道。

这么说可能还不够形象，我们举一个生活中常见的例子——河流。有的河流气势磅礴，有的河流水流潺潺，但它们都有一个共同点，那就是分上下游。渠道和河流很相似，企业在河流的上游，客户在河流的下游，上游和下游之间存在落差，只有存在落差才能创造势能。势能越大，水的流动速度越快、力量越大。

大多数人对互联网产品渠道的理解分为线上和线下。

- 线上：产品可以通过网络媒体广告投放的形式传递给客户。
- 线下：产品可以通过分销商、代理商，也可以通过展会、传统实体广告的形式传递给客户。

具体形式包括免费、付费、换量、行业内客户推荐、策划活动、内容营销、客户口碑等。

所以，小新对渠道的定义是**产品或者服务从厂家到最终消费群体过程中的销售途径**。换言之，渠道就是通过一切可以利用的资源和流量，为你的产品带来新增及转化的手段。

为什么 B 端产品或服务需要渠道呢？

因为企业需要与客户建立沟通的路径，如何引流推广渠道并找到有效的流量入口已经成为各 B 端企业迫在眉睫的问题。所以渠道推广是 B 端渠道运营中很重要的一个环节，关键是将推广信息有效地触达目标客户，从而实现渠道引流和转化的效果。这样可以快速、精准地传递产品价值，同时也降低了企业产品管理风险。

5.1.2 一个案例

我们先来看一个案例，这个案例仍然来自广东某企业。

老板："我们的客户拓展速度太慢了，除了当地已服务的客户，其他周边省份的客户根本不知道，能推广一下吗？"

运营经理："好的，但人手不够，我经常出差照顾不过来。另外我发现厦门有一家友商在当地市场推广了，但客户的评价不高。"

老板："我们有没有快速推广的可能？"

运营经理："前期可以在当地举办推荐会，吸引代理商合作，这样做够快。"

老板:"这是一个好办法,不过有没有让周边更多有实力的代理商了解的方案呢?"

运营经理:"可能需要做一个阶段的线上宣传。"

老板:"你制定一个方案,我需要让更多的当地代理商知道我们的推荐会,即便来不了,也要拿到他们的联系方式。"

运营经理:"好的,这就开始。"

如果你是运营经理,你应该如何启动渠道运营呢?大家可以思考一下大致的流程。小新提示一下,大家可以回顾一下内容运营的部分。

确定目标。运营经理的目标应该是强化产品价值和获取线索(希望 ERP 产品能得到目标客户的认同)。

内容承载可以用"海报+现场活动"的形式。比如,可以在现场举办几次客户抽奖活动,目标客户了解企业信息即可参加抽奖。

定义触达客群。大家想想这类产品触达的是哪一类的客户呢?应该是产品发起者和产品决策者。

定义触达客群的下一步是选择渠道形态。先通过线下展会推广的形式进行渠道传播,然后可以针对本次活动进行线上的宣传推广,可获得线上客户的持续关注。

在确定渠道形态后,这个活动用什么数据来评估渠道质量呢?相关数据包括有效客户数量、客群质量、渠道成本等。

5.2 B 端渠道运营框架

B 端渠道运营框架如图 5.1 所示,分为价值策略、内容形式、触达客群、渠道形态、质量评估五大模块。

- 价值策略分为产品价值和渠道价值。产品价值的细分目标为认知强化、线索获取、购买转化。渠道价值的细分目标为代理商引入。
- 内容形式和内容运营的选题类型是一致的，分为图文、活动、音频/视频、硬广告等。
- 触达客群和内容运营触达人群大致相同：产品决策者、产品影响者、产品发起者、产品使用者、合作方等。
- 渠道形态分为传统渠道、互联网渠道、公域渠道、私域渠道。
- 质量评估分为客户数量、客户行为、产品销售、客户成本、客户质量等评估维度。

图 5.1　B 端渠道运营框架

在搭好框架之后，小新会带领大家一一学习每个模块的具体内容。

5.3　价值策略

通过前面的学习我们已经知道，B 端产品和 C 端产品在本质上存在着很大差异，这就决定了它们在渠道营销的价值策略上也有很大不同。那么，究竟有什么不同呢？我们先看两个案例。

5.3.1 产品价值

1．合作营销案例

麦当劳联合支付宝一起做了一个拉取新客户的活动,如图 5.2 所示。这种一分钱吃大餐的活动,在美团、饿了么的拉新阶段是非常常见的手段。我们看看麦当劳是怎么做的。

图 5.2　麦当劳与支付宝的合作营销

2016 年,麦当劳联合支付宝利用支付宝的大数据能力寻找新客户,成功地吸引了上百万的新客户。在不到一个月内,共计发出 1 分钱单品优惠券 900 万张,实际核销率接近 50%,而在已核销客户中,新客的比例超过 7 成,大大超过了原本的预期,活动非常成功。

麦当劳的拉新活动面向的是千千万万的消费者,是典型的 ToC 营销活动,这样的活动有什么共同点呢?

我们归纳一下麦当劳营销案例成功的地方。

- 首先,麦当劳选用了一款销量最高、最经典的产品——麦辣鸡腿堡,产品质量过硬。
- 其次,消费者的诉求是便宜、好吃,消费者一看到海报,不用想半天,只要觉得值,就会立马领取优惠券。

在这个案例中，支付宝作为 B 端企业，为麦当劳提供服务，也为 C 端消费者提供优惠。

麦当劳最在乎的是什么？品牌推广、寻找新客户。而支付宝作为一个具备优秀大数据能力的企业，是能够通过其出色的数据能力精准地为麦当劳找到新客户的。其中，支付宝打着请客户吃汉堡的旗号，实则是一个双赢的营销策略。

从这个案例中，我们可以总结出 C 端产品价值营销的特点。

- **消费者需求明确**：消费者不用想别的，只要便宜、好吃就会购买。
- **冲动性消费**：花一分钱领券需要思考吗？不需要，只要在看到海报的当下有冲动，就会发生购买。这也是 C 端产品常见的营销套路。
- **极致营销**："极致营销"就是找准单一客户群的敏感度，有针对性地制定营销方案，把产品某一方面的优势放大到极致。比如，OPPO 的广告语"充电 5 分钟通话两小时"，就是抓住 OPPO 手机续航能力强这一特点并放大它，最终给人们留下深刻的印象。

当然，回归本质，只有 C 端产品本身质量过硬，这些方式才会起作用。下面我们给出 ToC 营销常用的营销方式。

- **价格优势**：比如，第二件半价、一分钱吃大餐。
- **单一产品优势**：比如，音乐手机、美颜手机等。
- **名人带货**：比如，请名人做客直播间推广某种产品等。

2．获客案例

接下来我们再看一个 B 端营销案例。

某机构以"解决新老酒店营销难题"为主题，面向酒店从业者——酒店老板、店长等客户群体进行授课。通过之前的学习我们已经知道，这些人是典型的 B 端客户，而且在决策链上具有一定话语权。

这些 B 端客户最关注的是价格吗？不是，对他们来说，酒店的发展前景是最重要的。如果这门课程解决了酒店的营销难题，他们就会持续关注和参与，甚至购买更高级的课程。

我们看看这个机构是怎么做的。大家请看小新老师的这张海报模板，如图 5.3 所示。标题突出了 B 端客户最关心的主题——案例少、营销难，授课内容中的前期调研、营销策略、寻找破局点，都在告诉目标客户怎么做才能打破营销僵局，也就是给他们提出解决方案。

图 5.3　酒店行业课程海报模板

结果怎么样呢？结果是这门课程的裂变率很高，1 小时裂变了 80 多个垂直客户群。

接下来我们总结一下 B 端企业的海报制作要素与重点。

- 企业 Logo、业内知名人士推荐、突出的标题。
- 人物简介、客户关注的矛盾点与解决方案突出显示，注意这里需要人物与关注点的精准对接。
- 转化线索：客户可以通过海报上显示的联系方式或者扫描二维码索取免费的课程或者资料。

大家可以在小新的微信公众号中输入"海报示范图"索取海报模板，自行创作运营海报。

从这个案例中，我们可以总结出 B 端产品价值营销的一些特点。

- **价值营销**：为什么说 B 端营销的本质是价值营销呢？比如，酒店行业课程案例强调的不是这门课多少钱可以买到、价格有多便宜，而是这门课可以给客户带来什么。这和我们在上文中讲的麦当劳的案例有着本质区别，强调产品的价值，而不是价格。
- **提供服务**：从客户参与课程的那一刻起，你的服务就开始了。可能有的客户只参加一次免费课程，但又有很多问题咨询，在这种情况下你能不理他吗？当然不行，你不但要接待好客户，还要针对他的问题提出你的解决方案，帮助他解决问题。在优质服务的输出下，客户很可能会转化为购课客户。
- **抓痛点**：B 端产品营销的决策链长，参与环节多，从跟进到达成销售，运营人员需要对接非常多的人。那么，怎样做才是路径最短的方式呢？在营销时抓住关键决策人的痛点，并在这上面下功夫。比如，一个云服务系统打的广告是提升程序员的办公体验，这样怎么能打动关键决策人的心呢？

根据 B 端产品价值营销的特点，我们归纳一下 B 端产品常用的营销方式。要给客户提供价值，最能体现价值的是什么？当然是你的内容了。要打动关键决策人，最好的办法就是在充裕的时间内让他听你讲产品的优势能解决他什么问题。所以 B 端产品常用的营销方式是**内容营销、会议营销和活动营销**三种，大家可以结合自己的工作认真思考。

B 端产品营销的关键是抓住关键决策人的痛点，缩短产品推广路径，并基于此思考营销打法。

5.3.2　渠道价值

在当前市场竞争越来越激烈的情况下，为产品寻找适合的代理商显得尤为重要。我们从三个维度来思考渠道价值，如图 5.4 所示。

第 5 章　B 端渠道运营

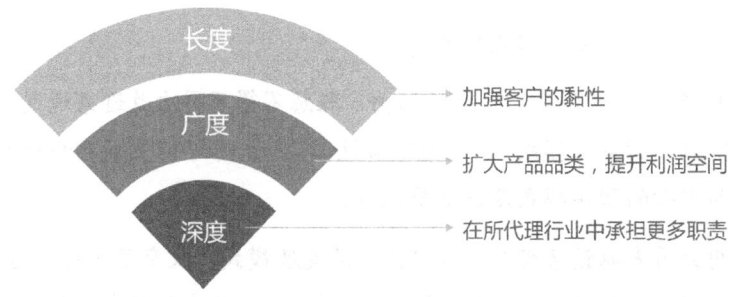

图 5.4　渠道价值

- **长度**：主要表现在从时间维度上延长对客户的持续服务，加强客户的黏性。
- **广度**：代理商在渠道环节更好地理解自己作为服务商的地位和作用，做好承上启下的服务，同时努力提升自己的服务能力。产品也会有相对较好的利润，能力越强，空间越大，服务越多，利润越高。
- **深度**：零售商的变化催生出代理商的业务调整，逐渐出现更多的集成供应商，他们在所代理行业中承担更多的职责，这是代理商更高层次的进化。

引入代理商服务机制，对客户进行服务的维度就变多了，可以通过服务带来效益，提升服务品质。与客户一直保持服务与互动，就能有效加强客户的黏性。

接下来，我们通过分析联想公司渠道通路的发展，看看渠道给联想公司带来了哪些价值。

20 世纪 90 年代，联想公司实行代理渠道制。在全国范围内联想公司拥有几千家分销代理商，代理商的下一级还有零售商。这样的营销渠道是非常长的，渠道过长导致管理混乱，再加上联想产品线的增加，渠道通路已达不到共享的效率。这种渠道模式以层级较多的分销为主，虽然最大程度地利用了社会资源，但企业对渠道的控制力被削弱，并且增加了产品成本。

1998 年，联想公司开始第二阶段渠道模式的重构，引入专卖店的特许经营模式，加速构建直营店。到 2000 年年底，联想专卖店的销售增长超过分销和代理渠道。这一阶段的渠道打法以终端为突破口，保证了联想当时销路的畅通。几年以后，挑战又来了。

2004年，受戴尔直销模式的影响，联想不得不再次改造渠道通路，建立第三阶段的新渠道模式——"通路短链+客户营销"，以更短的渠道和强化以客户为中心的营销模式赢得竞争优势。

联想公司采取销售渠道"扁平化"的发展模式，改变了销售渠道过长、销售管理混乱的状况，在市场上占据了一席之地，既在代理商中打响了自己的品牌，也保障了公司的收益。

现在大家可以看到渠道价值有多宝贵了吧？一个好的渠道甚至能够拯救一个公司。

5.4 内容形式与内容分发

5.4.1 内容形式的分类

我们在渠道营销的价值策略确定了之后，就知道应该策划什么样的内容来触达客户了。

通常内容的呈现形式包括以下几种。

常规软文类：如常规事件报导、产品特性告知、数据总结文章等。

图文专栏类：如企业向客户提供的关于产品的知识库、人物宣传报导、技术专栏等。

案例集合类：与图文专栏类似，但更偏重于提供同业客户的相关案例数据或技术成果，为客户提供参考价值。

多媒体类：如企业向客户提供以音频/视频为载体的课程内容等。

海报及页面类：如产品特性通过整版图片海报，或带有互动属性的HTML5页面进行传播。

大家可以花些时间，来帮助上文提到的广东某企业的运营经理进行ERP产品的推广，帮助他梳理应该用什么样的内容形式在展会期间触达客户。

图 5.5 所示为小新对该 ERP 产品的推广进行的内容形式的梳理。

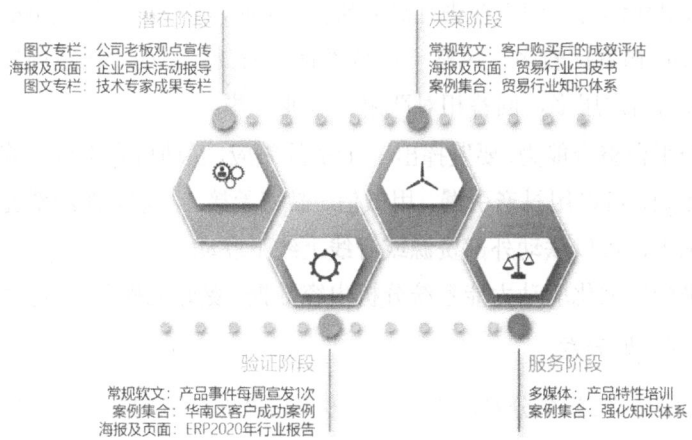

图 5.5　小新对该 ERP 产品的推广进行的内容形式的梳理

5.4.2　内容分发平台

内容分发平台主要有以下三种。

- 自媒体：官网、微信公众号、微博、知乎、头条号、百家号、企鹅号等。
- 付费媒体：搜索引擎、横幅广告等。
- 免费媒体：使用者在社群上的自发性分享、媒体报导等。

5.4.3　多平台内容运营

当你写出一篇内容还不错的文章时，第一反应可能是要尽可能让更多的人看到这篇文章，怎么才能让更多的人看到这篇文章呢？那就是进行多平台内容运营。

多平台内容运营需要注意三个方面：

1. 了解分发平台

同一主题内容要想在多平台上分发，需要把主题内容改造成适合在当前平台发布的形式。你需要了解不同平台的特色和功能点，再针对特色和功能点运用不同的策略。

这需要我们对不同平台进行深入研究。比如，知乎上一线城市的用户比较多，UGC 内容比较多，风格一般是"有趣+有料"。而"悟空问答"上三四线城市的用户居多，回答相对严肃、专业一些。

- 跨平台整合能力，要发挥出 1+1>2 的效应，联动自有平台矩阵资源。比如，可以用抖音引爆，用微信、微博承接。当然，在经费允许的情况下，可以联动外部资源或者线上线下联动。
- 平台数据化驱动力能系统分析内容数据，更好地提升内容分发效果。

2. "T"型分发

尽量保持"T"型分发，进行横向多平台发布，纵向发布、投放行业垂直媒体、社区。

不同内容平台有自己的首发和原创支持政策。很多原创者会倾向于选择一个内容平台发布，后续再发布到官方平台上。这时需要了解不同内容平台的首发和原创支持政策，把原创留给效果最好的平台。

3. 聚焦

很多事都讲究"二八法则"，内容分发也不例外。虽然内容平台很多，但是你要把 80%的精力最多放在 3 个平台上，即聚焦在你的"主阵地"上。

5.5 渠道形态

在了解了内容形式与分发平台后，我们进入本章的重点，对 B 端的渠道形态进行讲解。

5.5.1 传统渠道

对传统渠道的分类，最常见的是直销模式和分销模式，如图 5.6 所示。

随着"互联网+"与电子商务的发展，直销模式成为 C 端销售人员越来越多的选择。人们曾一度认为分销模式会消亡，商场会倒闭，直销模式会成为渠道的主流。随着时间的推移和科技的进步，我们看到，分销模式并没有消亡，反而焕发了勃勃生机。渠道模式的多样化能够支持企业运用多渠道营销，因此成就了如今非常火的"新零售"商业模式。

我们能够看到，即使是纯互联网产品或者服务的渠道模式，也没有完全取消分销体制，甚至在市场扩张过程中，分销模式的效率与服务体系明显优于直销模式。

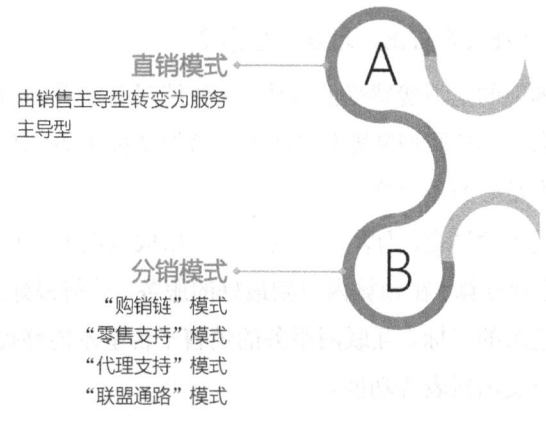

图 5.6 传统渠道分类

1. 直销模式

随着互联网产品与服务的逐渐发展，电子商务水平不断提高，市场上衍生出了品类繁多的纯数字化产品与服务，线上直销能够非常便捷地节省大量人力、物力，能够对用户所选择的产品与服务起到基本支撑与保障的作用。这些产品与服务的需求信息、购买流程、支付流程、售后服务以及使用过程都是依靠互联网而不是依靠人工进行操作的，所以直销模式成为普遍性选择。

这并不是说互联网直销模式不注重服务，而是在销售与购买环节之外，更加注重直接服务。互联网直销模式的新服务具有以下几个特征。

1）与客户"面对面"直聊，沟通深入，需求响应快

销售环境从以往的人与人之间的"面对面"转化为线上"面对面"，在客户完成购买之后，服务从售前延伸到售后，企业更加有条件提供持续性的

服务。在提供持续性服务的过程中，这种线上"面对面"的聊天能够帮助企业更好地理解客户需求，并对客户需求快速响应。

在对需求进行深入理解之后，企业能够对这些需求进行模块化、系统化，并将其嵌入系统配置中。在后续的服务中，客户能够更加便捷地使用产品的服务功能，如自助续费、自助转发等。客户还可以根据自己的需求对服务进行调整，使自己的需求及时得到满足。

2）提升客户投入产出比，增强价值感受

这个特征体现的是消费感受的变化。从传统观念来看，每问商家一个问题，得到的回复总是需要采购某个零件或者增加某种服务，好像不让消费者花钱的服务就不是好服务一样。

随着服务观念的转变，为客户提供单位产出成为服务的目标之一。帮助客户做预算、控制预算、在预算内得到最好的服务、获得最好的效果成为各大互联网企业追求的目标。互联网服务的销售平台基本能够提供财务预算、消费统计、收益支出报表等功能。

比如，在线上广告领域中，Google与百度都能够提供广告预算和广告的实际效果统计，帮助客户及时了解广告的投入效果，控制费用并随时查询推广效果，及时调整方案。

3）大数据与AI技术使客户服务更加完美

随着科技的进步与新技术的推出，客户服务变得越来越有效率。客服平台已经能够做到将售前和售后的基本问题进行采集，并且根据关键字进行自动回复，这样能够节省非常多的人力。客户能够根据关键字先搜索问题，再获得标准回复。客服平台也能够对售前进行自动导购，并且对使用中的产品进行问题解决、跟进服务等。后台还能够根据客户对产品的使用、浏览记录，了解产品与平台的展示布局效率，从而改进产品、提升服务、促进销售。

在直销过程中，互联网提供的服务空间随着技术的进步在扩大。在未来，更高效的服务会成为直销的强大引擎。

2. 分销模式

分销模式是传统销售模式，也是国内互联网服务领域中的企业共同采用的模式之一。分销模式的成功证明了它在市场扩张、渠道效率等方面有着巨大优势。随着科技进步和新商业模式的诞生，分销模式也经历着变化。

1) "购销链"模式

传统的"购销链"模式是对传统交易模式的电子化模仿，通过互联网以及软件技术，使以往的录单、采购、发货等流程实现电子化、网络化、自动化。分销模式的各个环节彼此独立，仅仅是上下游之间的交易传递。这种模式在初期确实提高了交易效率，降低了交易成本。但是随着客户对服务的要求提高，这种上下游之间无关联的模式延迟了服务的响应，上游政策或者内容的调整也会引起下游服务的延迟、业务响应不及时等问题，客户体验较差。

2) "零售支持"模式

"零售支持"模式是"购销链"模式的升级版本，是为了提高服务效率、满足用户需求，由服务运营商对分销渠道业务流程进行的改进。

"零售支持"模式有两个关键的特征：

- 代理商在自己的销售平台上展示的产品就是服务运营商提供的产品。产品和服务调整的同步率高，当服务运营商对产品和服务做出调整时，代理商仅做简单更新即可，无须大量改动销售平台。
- 客户在代理商的销售平台进行采购时，可将订单直接提交到服务运营商的销售平台中，代理商无须跟进采购流程。在这个过程中，实现了完全自动化下单，并且客户的需求由服务运营商直接响应。

目前在互联网服务领域中，支持"零售支持"模式的渠道工具有两种：VPP（Virtual Platform Provider，虚拟平台服务）和 API（Application Programming Interfaces，应用程序接口）。其中 VPP 因为不能保证服务运营商对客户服务的实时响应而逐渐退出。API 因实时性强被业内广泛采用，但 API 需要代理商有较强的技术力量及人员配置，这在一定程度上限制了中小型代理商的加入。此外，API 不支持多级代理，从而限制了服务运营商分销体系的扩展。

3)"代理支持"模式

顾名思义，"代理支持"模式是服务运营商为了更好地支持代理商所创新的分销渠道模式。该模式采用多级代理授权的形式，服务运营商能够在自己的平台上为一级代理商开通对应账号并且授予其对下一级代理商的各种权限。这种模式能够很好地帮助各种级别的代理商与上线沟通，并管理下线，直到终端代理商。终端代理商只有开通"客户服务账户"的权限，才具备直接对产品或服务进行消费设置的功能和管理财务、统计消费、形成数据报告等功能。

"代理支持"模式还支持代理商之间的财务结算，并且客户能够通过服务运营商平台的"用户服务账户"直接获得服务。通常的做法是下级代理商向自己的上一级代理商交预付款或者购买信用额度，获得开通的账户。当下一级代理商或者终端用户采购时，上一级代理商只需为下一级代理商或者终端用户开通账户并划拨消费款即可。购买流程成熟，效率高。

这种模式能够非常好地支持多级代理，管理代理数据，为客户提供服务，支持代理商的商业运转，提升品牌竞争力。"代理支持"模式能够形成一定的技术壁垒，先进入市场并积极推广的服务运营商能够因为教育用户形成使用习惯而扩大影响力。

尽管这种模式有很多优点，如对服务的响应速度很快，但是随着客户的增多，代理级别的扩大，它的缺点也逐渐显露出来。有些代理商为了宣传自己的品牌形象，不继续向下扩张，不再为下游提供自有品牌的账户，屏蔽平台功能，这样客户就不可能直接操作平台，平台对客户的服务响应以及平台的功用就无法施展，这种模式就会失去意义。

4)"联盟通路"模式

"联盟通路"模式不是闭门造车，而是形成联盟。这种分销模式不同于上述三种模式，是借助第三方网站寻求渠道通路的规模效应。各种网站直接通过"联盟通路"模式将自己的渠道打开，欢迎各种需求商上门使用其渠道，以取得目标效果，如销售业绩提升、注册会员增加、软件下载量增多等。

这种模式目前已经成为互联网企业的主流渠道模式之一。无论是大厂家还是新型公司，都在众多的联盟通路中有所收益。

5.5.2　互联网渠道

通常一款 B 端产品常用的互联网渠道如图 5.7 所示。

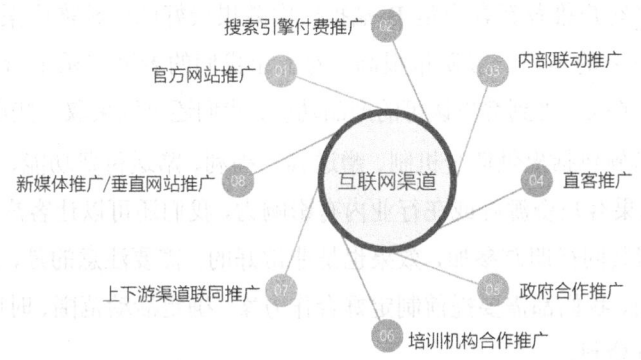

图 5.7　互联网渠道

1．官方网站推广

官方网站就是一个企业或产品的门面，客户在看产品之前一般会先看官方网站。有吸引力的官方网站让客户更愿意停留，而客户停留的时间越长，留给我们获取客户的机会越大。

官方网站一般包含首页、产品介绍、价格、客户案例、关于我们、帮助中心等内容。这些内容都是围绕着价值传递与线索获取展开的。各种产品可根据自身特点来展示，一般必备的内容为产品介绍、价格区间、客户案例三大部分。

2．搜索引擎付费推广

B 端产品在营销推广时，还可以在搜索引擎购买相应的关键词进行广告投放，通过设置关键词以匹配最佳的落地页。这样客户在搜索某个产品时，能够直接来到对应页面进行转化购买，效果非常好。

3．内部联动推广

内部联动推广适合产品线多、产品对应客户群有重合的企业使用。产品线与产品线之间可以相互引流，一个平台，两种用法，性价比高。比如，一家网络公司有两款不一样的产品，同时对它们进行相应的广告页宣传，可以起到引流作用。

4．直客推广

依靠老客户推荐新客户是 B 端推广中效果最好的一种推广渠道，由老客户推荐过来的客户一般质量很高。为了让我们的老客户乐于给我们推荐新客户，除了推广受到客户认可的产品功能，我们还可以采取一些激励措施。

激励措施包括提供佣金机制、赠送客户福利、赠送付费功能、提供免费培训等。如果客户资源好或在行业内有影响力，我们还可以让客户帮忙组织沙龙，邀请其同行朋友参加，效果也是非常好的。需要注意的是，在组织任何活动之前，我们都需要提前制定好合作方案，确定活动范围、时间、权益，准备好全部资料。

5．政府合作推广

如果项目是政府鼓励的项目，我们还可以申请政府补助和政府推广。

政府鼓励项目经常不定期发布，数量多，需要我们时刻留意。

6．培训机构合作推广

B 端产品多为系统性的解决方案，业务相对较重，业务逻辑也相对复杂。一个业务闭环的完成需要企业的多名员工参与。为了使业务营收效果更好，很多企业都会选择培训，这就衍生了很多垂直领域内的培训机构。所以我们还可以选择与培训机构合作进行推广。

与培训机构合作的模式有多种，可以在线下培训时提供展位，也可以在线下培训时由老师进行 5 分钟推广，还可以在线上培训时直接用我们的产品讲课等。

在选择培训机构时，我们要先做好前期调研工作，重点关注目标客户的比例和优质程度、培训机构的影响力、合作费用。采取何种合作模式视企业预算、团队精力、课程内容而定。

7. 上下游渠道联同推广

当下很多 B 端企业都将原来线下低效的供应链转变为上下游协作模式，以推动商业创新。

比如，某旅行社通过将线下服务作为切入点，打通了旅游行业上下游产业链，完美融合了"资源调度""计调发团""导游移动报账""数据统计分析"等上下游合作的"一体化管理"业务，实现产业链全面转型与升级，提升行业协作效率。

但是，是否具有上下游渠道要看企业自身的业务类型，以及上下游渠道与企业在产品服务上是否相通。

8. 新媒体推广/垂直网站推广

新媒体推广渠道有很多，但产品是否适合进行新媒体推广，要看产品面向的目标客户、产品形态、各渠道的匹配程度等维度。比如，微博、知乎、百度知道、搜狐号、百家号、贴吧、论坛等渠道，每个渠道的玩法不太一样，对产品的宣传推广、管制程度也不相同。在产品运营一段时间后，我们可以很明显地看出哪个渠道带来的转化率是最可观的，从而找到最适合自身产品的渠道。

此外，每个行业都会有几个垂直领域网站。垂直网站推广相对于新媒体推广，能更好地聚焦目标客户群体，但它对推广软文审核极严，所以推广门槛比新媒体渠道更高。一些垂直网站会对外提供一些广告位，如果企业资金充足并且确实需要，也可以购买广告位进行推广。

小新为大家整理了各个互联网渠道的成本投入、人力投入等方面的内容，方便大家对比后选择合适的渠道，如表 5.1 所示。

表 5.1 互联网渠道对比

渠道分类	成本投入	人力投入	优 缺 点
官方网站推广	低	中	网站需要好好设计，人力投入高
搜索引擎付费推广	高	低	转化率高，效率高，成本投入高

续表

渠道分类	成本投入	人力投入	优缺点
内部联动推广	低	中	需要内部产品线多，客户重合，推广效率高
直客推广	低	中	品牌效应，需要前期投入很多时间与服务
政府合作推广	低	高	政府时间不可控，需要时时关注，有合作后更需要人力投入
培训机构合作推广	中	高	需要人力对培训机构及课程进行调研，跟进培训过程中的推广效果，人力投入要求高
上下游渠道联同推广	中	高	对渠道影响力要求高，一旦联同推广，对人力与内容要求高，但是效果与影响力也非常好
新媒体推广/垂直网站推广	低	高	前期需要进行小范围的试推广，选择合适的新媒体与网站

大家可以根据自己所属行业的具体情况优化表5.1，形成一张属于自己的互联网推广渠道分类表，以便在不同的推广项目中选择合适的推广渠道。

5.5.3 公域渠道

公域渠道，也有人说是公共渠道或者外部渠道，其实都是一个意思，就是这条渠道是公开的、大家都能用的。

1. 公域渠道分类

小新把公域渠道分成线下渠道、线上公域渠道、线上垂直渠道三类。

- 线下渠道可以理解为传统的流量入口，包括商城、地铁、公交、电梯等人流量密集区域的广告投放地。
- 线上公域渠道一般需要企业付费购买流量，如微博、淘宝、抖音、百度、腾讯视频、小红书等平台的广告位。
- 线上垂直渠道指的是特定人群的聚集地。比如，蜜芽是新手宝妈聚集地，豆果美食是美食爱好者集中地，受众关注点比较一致。

2．公域渠道的优势与不足

1）公域渠道的优势

- 首先，公域渠道的平台大、受众广，可以辐射大量人群，渠道曝光率高。企业只要有足够的广告费，就基本上不用愁流量问题，品牌宣传也做到了。
- 其次，每个渠道都有该渠道的客户画像，可以做到精准投放。这些平台的广告位、展示位都是明码标价的，条件也写得非常清楚，渠道专员一对比就知道是否适合自家的产品。

2）公域渠道的不足

公域渠道的主要缺点是客户忠诚度不高。大部分客户是冲着平台而去的，从平台到产品需要跳转的步骤较多，客户流失率会比较高，沉淀忠诚客户比较难。

5.5.4 私域渠道

私域渠道也分成三类：平台自有账号、自媒体平台和企业自有资源。

- 平台自有账号是指企业在目前主流平台上创建的账号，如微博、微信、公众号、头条号、百家号等。
- 自媒体平台和平台自有账号有重合，主要的自媒体平台除了微信、微博，还有小红书、抖音、快手、知乎、一点资讯等平台。
- 企业自有资源主要包括官方网站和自己开发的App。

近年来，私域流量成为受欢迎的一个词，为什么大家这么推崇私域流量呢？

一方面是因为公域流量的成本上涨，很多企业的管理者希望能够为客户提供持续的服务。另一方面是因为私域渠道客户的忠诚度更高，他们能进入企业自己创建的账号中，看企业发布的内容，甚至还会和企业互动，至少是对企业感兴趣的客户。在将这些客户沉淀到企业的客户池后，企业可以反复利用和激活，让他们更贴近企业的产品，缩短其与产品之间的距离。

私域渠道的搭建是需要时间的，C端可能需要几周，B端需要的时间更长，投入的资源也更多。

在学习完四种渠道各自的特点后，大家对渠道的了解是否更深一层呢？小新把各种渠道的优势和不足都列了出来，做了对比，帮助大家更加深入地理解渠道形态，如表5.2所示。

表5.2　各种渠道的优势和不足

渠道形态	优　势	不　足
传统渠道	整合能力强，客户响应速度快	成本较高，受地域限制
互联网渠道	成本低、形式多、应变能力强	竞争激烈，客户转化周期长
公域渠道	辐射范围广、品牌效应、流量大	客户忠诚度低、转化周期长
私域渠道	客户忠诚度高、可反复利用	搭建周期长、成本高

5.5.5　一个案例

在了解了B端产品渠道的基本框架后，我们来思考几个渠道运营问题。

某公司针对证券行业数据策略及风控管理难等问题，研发了一个金融产品量化服务系统，请思考该公司的渠道运营过程。

看到这个问题，你会怎么执行呢？给大家30秒的时间快速思考B端渠道运营流程。

接下来小新要揭晓思考过程和参考答案了。

- 首先，我们要把渠道的价值策略定义出来。我们假设获取了有效的客户线索，以增加这个金融产品量化服务系统的销售额。
- 其次，我们要了解相关证券企业在量化策略方面有哪些诉求。经过沟通与理解，我们认为相关证券企业的诉求是数据维度少、质量差，以及没有相关的内部专家分享量化心得。

所以，我们在选题方面应尽量多展现同类证券企业的合作案例，并能凸显以下四个方面的价值。

1．高质量数据

免费提供从 2005 年至今的 A 股行情数据、财务数据、基金数据、指数数据、金融期货数据、行业板块数据。

2．精准回测

免费提供高效、精准的回测引擎，快速验证策略，支持日级、分钟级回测。

3．模拟交易

免费提供准确、实时的沪深 A 股、ETF 模拟交易工具，支持日级、分钟级、tick 级（指成交明细数据）模拟交易。

4．分享平台

为研究人员提供分享平台，便于大家交流心得，分享策略，共同成长。

接下来，我们确定本次触达的人群为金融证券行业中相关企业的产品发起者，也就是企业的投资经理、基金经理、相关部门经理等角色。

那么，我们应该通过什么渠道触达他们呢？我们要思考这类人群通常在什么场景中出现，从而通过相关渠道有效触达他们。

经过思考后，我们认为运营的主要渠道如下：

- 线下的渠道主要有金融证券行业峰会、同业分享会。
- 线上的主要渠道有金融产品垂直社区（财联社和雪球 App）、金融在线教育培训课程平台、微博、微信、腾讯、头条、抖音等。

那么，这样生产一批内容，就能有效触达精准人群了吗？

如果你认为生产的同类内容能够适用于线上、线下渠道，那么小新就要给你泼冷水了。

请注意，渠道素材一定要个性化定制！

不同平台客群的属性终究有些差异，我们需要结合不同渠道的特性和广告形式，搭配不同价值的产品，设计与之定位匹配的素材。

这里需要关注的维度有客群、展现形式、平台提供的产品是否与我们相关、平台品牌、活动形式，以及验证渠道效果。

评估渠道转化效果的常规指标有 ROI、CPM、CPA、ARPU 等。你可能对这些指标不熟悉，没关系，接下来我们看一下案例中这款产品的后续数据。

这个金融产品量化服务系统在 3 个月的渠道推广中，分别在线下、线上等不同渠道做了活动宣传。在活动结束后，该公司对不同渠道进行评估的原始数据如表 5.3 所示。

表5.3 对不同渠道进行评估的原始数据

日期	渠道	渠道总成本（元）	页面访问人数（人）	线索人数（人）	渠道销售额（基于客户来源预估）（元）	ROI
2019年6月至2019年9月	行业展会 A	550000	8935	3040	1208890	219.8%
	行业展会 B	300000	6478	2721	1377500	**459.2%**
	产品推介会	260000	855	796	1211900	**466.1%**
	今日头条	180000	36703	2676	93810	52.1%
	微信朋友圈	250000	83500	5300	69360	27.7%
	抖音	70000	2914	131	6620	9.5%
	品牌置换	8000	331	220	2300	28.8%

我们进行各渠道的效果分析，通过表 5.3 能够看出 ROI 比较高的是行业展会 B 和产品推介会。经过复盘分析，通过这两种线下渠道邀请的目标客户群体非常精准，全部是来自金融、证券公司的客户。同时，渠道素材主题与展会主题呼应，免费线上预约和专享增值服务结合的活动形态，使得这两种渠道的 ROI 比较高。这也说明金融类 B 端产品可以同时运用线上增强品牌建设、线下驱动服务转化的多渠道推广策略。

接下来，为了进一步评估渠道的价值，我们需要计算单客访问成本和有效线索成本，如表 5.4 所示。

表 5.4 计算单客访问成本和有效线索成本

日期	渠道	渠道总成本（元）	页面访问人数（人）	线索人数（人）	单客访问成本（元）	有效线索成本（元）
2019年6月至2019年9月	行业展会A	550000	8935	3040	61.6	180.9
	行业展会B	300000	6478	2721	46.3	110.3
	产品推介会	260000	855	796	304.1	326.6
	今日头条	180000	36703	2676	**4.9**	67.3
	微信朋友圈	250000	83500	5300	**3.0**	**47.2**
	抖音	70000	2914	131	24.0	534.4
	品牌置换	8000	331	220	24.2	**36.4**

通过以上数据分析，我们大致可以评估出每个渠道的客户转化价值。有些渠道适合推广品牌的影响力，有些渠道适合大客户挖掘，有些渠道需要适当地做出取舍。

再看另一个思考题：

作为产品运营经理，你已经得知了目标渠道的属性，在确定合适的渠道后，究竟是马上展开投放，还是谨慎尝试呢？

大家可以思考一下。

相信认真阅读本书的你已经有了答案，如果没有，请你仔细阅读下面的内容。

5.6 渠道定向投放

5.6.1 渠道定向投放流程

通常，渠道定向投放流程分为测试、投放、沉淀、拓展四个步骤。

- 测试：初期可针对每个定向目标进行小批量、多素材、多渠道测试，筛选出优质定向用户、素材和渠道资源。

- 投放：根据测试期筛选出的优质定向用户、素材和渠道资源，尝试精准投放。
- 沉淀：持续优化期间需要沉淀相关方法论、用户群及标签。比如，什么素材适合什么用户、什么渠道更适合拉取新用户等。
- 拓展：基于沉淀的这些用户群，再次进行人群洞察分析，挖掘更多的潜在用户和渠道资源。

5.6.2 广告投放漏斗模型

漏斗模型，顾名思义，如图 5.8 所示，外形很像一个漏斗，其中的各个环节——曝光、点击、注册、成交的量，逐步递减。

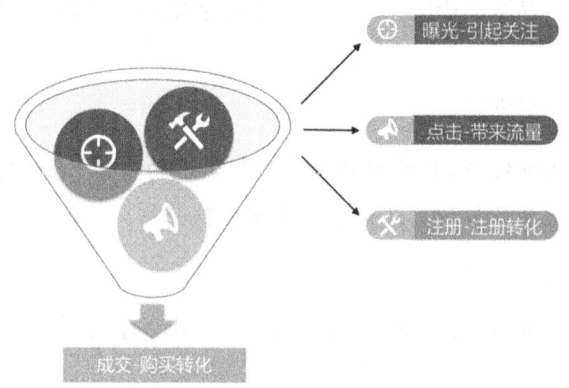

图 5.8 漏斗模型

通常在分析渠道属性时，我们会使用漏斗模型来深度分析渠道价值。我们以广告投放为例，运用漏斗模型来分析转化率过低的原因。

一家 B 端企业自建了电商 App，用户从曝光、浏览商品详情，到付款的转化率仅有 1.4%。那么我们应该如何分析原因呢？

大家看着漏斗模型，有没有大概的思路？

1. 根据漏斗模型发现问题的节点

假设商品在加入购物车之前的转化率都较高，但在购物付款的流程中，转化率急剧下降，那么购物付款的流程可能就是需要改进的地方。

2．具体问题具体分析

在确定问题节点为"确认订单页面"后，我们开始分析该页面的数据。研究单一页面，可以使用的分析工具如下。

- 热图分析：查看该页面用户的互动行为。
- 事件分析：查看该页面的各项数据统计指标，如停留时长、事件数等。

3．找到问题所在

在进行问题拆分后，我们发现用户在确认订单页面停留时间过长。

实际测试品牌 1 和品牌 2 的几个机型，它们在选择付款方式的页面体验方面存在以下问题：

- 机型适配性较差，开发时主要考虑的是现有主流适配机型，对小众机型的关注度较低。
- 页面卡顿严重，长达 50 秒以上的空白页面严重消耗了用户耐心。

4．做出改善

在分析上述问题后，我们做出了以下改善：

- 紧急修复版本，在小众机型的主要推广渠道中升级了具有版本适配性的 App。
- 页面加载量优化，包括切割、压缩、删减图片，框架优化，预加载等策略。在恶劣网络环境下加载速度和之前相比提升 3 倍以上。
- 设计加载等待页面，增加了动画的等待页面，向用户"卖萌"，增加用户等待的耐心。

5．验证效果

在页面优化后，漏斗转化流程有明显改善。

另外，在后续的改进中，我们还尝试了结合页面点击/页面流转的分析，删去了付款页面中不必要的信息、按钮，增加新的付款方式，保证了付款流程的顺畅，对提升漏斗模型的全盘转化率也有较好的效果。

5.6.3 渠道投放案例及经验

我们一同梳理一下整个渠道投放流程。渠道投放流程如图5.9所示，包括站外渠道、创意展示、由URL传递到落地页、辅助转化内容及CTA（Call to Action）按钮、产品转化。

图5.9　渠道投放流程

1．站外渠道

通常一个广告的站外渠道包括直接访问、外部链接、搜索引擎、社交媒体、应用商店等。

某贷款类产品选择在腾讯平台进行广告投放，如图5.10所示。

图5.10　某贷款类产品的广告投放

影响站外渠道曝光度的两大因素：**用户匹配度和广告出价**。

2．创意展示

创意展示包括标题、Logo、产品优势等内容，需要做好文案设计和优化，让用户第一眼就被吸引。用户因为自己的需求或者痛点被击中，进而想了解更多。

影响创意展示转化率的两大因素：**用户匹配度和创意吸引度**。

一般用 CTR（Click Through Rate，点击率）来衡量创意展示的好坏。

3．落地页

对客户来说，落地页的链接是看不见的，这个环节的重点是做好链接的追踪和衡量。案例中的落地页、辅助转化内容及 CTA 按钮如图 5.11 所示。

图 5.11　落地页、辅助转化内容及 CTA 按钮

投放追踪到最小渠道粒度，才能更好地衡量渠道和落地页的效果。

用户通过点击站外链接跳转到的第一个页面就是落地页，落地页对后期的转化率影响很大，所以落地页又被称为"黄金一页"。

影响落地页最终效果的两大因素：**落地页的质量和用户匹配度**。

4．辅助转化内容及 CTA 按钮

产品页面的辅助转化内容是指可以进一步满足用户需求的内容，如商品详情、用户评论等。如果希望用户有所行动，就需要添加 CTA 按钮。

一般用停留时间、访问深度、激活用户比等指标来衡量辅助转化内容及 CTA 按钮的效果。

- 停留时间和访问深度是比较宽泛的指标，停留时间越长，访问深度的数值越大，说明用户对我们的内容越感兴趣。
- 激活用户比表示的是甄别出有多少用户对产品有转化意愿。在实际运营中，对应专题内的文案和下一步动作的提示。

5．产品转化

在用户提交线索后，运营团队负责激活目标用户对产品的兴趣，并使其产生转化的意愿，这是"弱转化"。

如图 5.12 所示，用户已经提交了线索并且产生转化意愿，至此弱转化已经完成。

图 5.12　弱转化完成

产品团队负责用户完成注册、交易等终极目标，这是"强转化"。如果用户在和工作人员联系后，完成了贷款申请，那么这个产品最终完成了强转化。

在持续投放后，我们可通过输出基本数据指标进行产品转化后的质量评估。

在这里小新简单介绍一下基本数据指标，下一节会有更加详细的介绍。

- 跳出率：指的是只访问了入口页面（如网站首页）就离开的访问量与所产生的总访问量的百分比。
- 渠道转化质量指数=渠道的付费（转化）占比/渠道的访问占比。只有当渠道转化质量指数大于 1.0 时，这种转化才是高质量的转化。

渠道的数据可以按照表 5.5 所示的项目进行整理。

表5.5 渠道数据搜集表

渠道	获客成本（元）	展现量	访问量	新增访问（量）	平均使用时长（分）	每次会话访问页数	跳出率	注册成功率	新增交易转化率	交易转化率	活跃用户数	流水（元）
渠道 A												

5.7 渠道管理

5.7.1 渠道质量评估

进行渠道管理的第一步是进行渠道质量评估。这要求我们在渠道运营过程中注意数据的搜集与整理，进而分析渠道的优劣。

请注意，渠道运营的结果是需要评估的。同理，渠道的品质如何，适用于什么推广目标，同样需要我们进行评估。不要看到渠道里的信息量大、流量巨大，就认为这个渠道好。当然，一次推广的失利，也不一定就给这个渠道"判了死刑"。

▶ 小新说运营：B端产品运营体系解析

渠道质量评估就是厂商，也就是通常说的甲方，通过系统化的手段或措施，对其营销渠道系统的效率和效果进行的客观考核和评价的活动。也就是说，渠道质量评估是甲方通过某种方式判断某个渠道的效果怎么样的过程。

1. 渠道价值量化方法

在流量客户转化为付费客户阶段，客户从一个访客变成首次购买客户，再到完全脱离平台，不再为平台贡献价值，此间客户产生的价值称为**客户生命周期价值**。

评估一个渠道的好坏不能单看渠道的获客成本或者投入产出比。比如，我们在A渠道投入了2万元，获得了一个客户，该客户下单1.5万元，于是我们就说这个渠道太差了，还亏了5千元。如果我们拉长时间线，发现这个客户后续重复下单3次，每次都是1.5万元，而且根据趋势判断该客户可能还会持续下单。那么，此时我们对这个渠道的评估，与第一次相比，是不是就大不相同？

如果我们单纯地关注某一时间段的数据，就会发现一些渠道虽然带来的单次购买的客户很多，但是客户的持续购买能力不足，他们能够带来的价值仍然十分有限。因此，仅仅把客户的单次购买能力或者客户单次购买带来的价值作为评估渠道质量的唯一标准并不准确。

作为一个运营经理，我们需要做的是将渠道的转化率与客户贡献的价值进行正确、系统的评估。这就需要我们将渠道价值进行量化。

接下来小新介绍几种渠道价值量化方法，大家也可以根据自己所在行业的特点，自行去拓展这方面的内容。

1）RFM量化取值法

RFM量化取值法是衡量客户的价值、创造力、活跃度的重要工具。这种量化方法主要通过三个指标进行衡量。

- 最近一次的购买行为（Recency）：购买越频繁的客户越是好客户。
- 消费频率（Frequency）：客户在一段时间内的采购频率。时间通常为一年或者根据实际情况设定。
- 消费总额（Monetary）：客户在一段时间内的消费总额。

通过广告跟踪或者对后台数据的获取，我们能够得知每个或每类客户的 RFM 得分区间，然后给予 RFM 模型三个指标不同的权重：Wr、Wm、Wf，客户生命周期价值总分的计算方法如下。

$$客户生命周期价值总分\ A=Wr\times R+Wm\times M+Wf\times F$$

在计算的过程中，需要注意的地方是三个指标的权重如何分配。这取决于你所在的行业。如果你的行业对流水、复购率要求很高，那么 Wf 的值就会很高。这种分析方法是为了区分不同生命周期价值的客户，从而进行精准营销。

2）客户消费总额法

这种方法简单粗暴，很快就能得出结果。该方法通过确定一条时间线，在这个时间之前客户所消费的总额就是该客户的生命周期价值。

比如，贷款机构可以在 180 天内将客户贷款及利息付费的总额进行取值，并按渠道划分，就能够知道不同渠道的客户创造的价值，进而评估渠道孰优孰劣。

可能有些朋友会说，这是在客户付费的情况下使用的方法。如果我的目标是品牌推广、扩大品牌影响力，我要如何评估渠道？下面这种方法一定适合你。

3）客户忠诚度量化法

客户忠诚度量化法通过四个指标对客户进行定量分析。这四个指标分别是**访问频率、最近访问时间、平均停留时间、平均访问页面数**。

上述指标是所有网站都需要的评估客户忠诚度的重要指标。

2. 渠道决策

通过对渠道质量进行评估，我们能够知道每个渠道所获得的分数以及其对应的指标。

基于渠道质量的不同，我们在渠道决策上可以遵循以下几条规则。

- 对于客户生命周期价值高、成本也高的渠道，进行适当优化，降低获客成本。
- 对于投入产出比高,但流量较少的潜力渠道,应当想办法增加流量,挖掘价值。
- 对于流量和投入产出比都不突出的"鸡肋"渠道,可以内部优化、精准营销。
- 对于客户生命周期价值高、成本低的渠道,应该加大投放力度,获取更多流量。
- 对于客户生命周期价值低、成本也低的渠道,需要想办法提升客户生命周期价值。

在得知不同渠道的效果的情况下,我们可以选择性地分配预算,让预算ROI最大化,做到花最少的钱,取得最好的效果。

3. 渠道质量评估的步骤

《营销渠道:理论与实务》中将渠道质量评估的流程分为4个步骤,小新接下来结合实操与经验对每个步骤的内涵进行详解。

1)明确目标

我们首先要知道投放某个或者某几个渠道的总目标是什么,再根据项目组目标、渠道层级对总目标进行拆解,看看每个环节需要达到怎样的目标。

2)设定渠道评价指标

在明确目标后,我们要怎么判断某个渠道是否达标呢?这就需要我们事先设定渠道评价指标。渠道评价指标一般分为数量指标、行为指标和质量指标,包括访问人次、转发人次、评论人次、付款人次、触达率、跳出率、页面停留时长、访问频次、访问深度、留存率等。

3)制定绩效评估制度

在这一步我们需要关注能直接、强烈地影响渠道综合绩效的行为,并对这些行为的结果进行有效评定及量化。

4）制订渠道行为规划

制订渠道行为规划可以分为以下三步。

- 记录与绩效评估制度有关的渠道实际绩效。
- 确定渠道绩效必须达到的目标。
- 使用方法达成既定目标。

5.7.2 线下渠道投放原则

在介绍线下渠道之前，我们先来看一个思考题。

某省即将召开的金融科技行业产品峰会，将是金融产品量化服务系统快速获取潜在客户的好机会。在确定公司已经获得一个展位（渠道）的基础上，你将如何利用这个展位，并取得较好的效果呢？

要回答这个问题，我们需要知道线下渠道的投放原则，如图 5.13 所示。

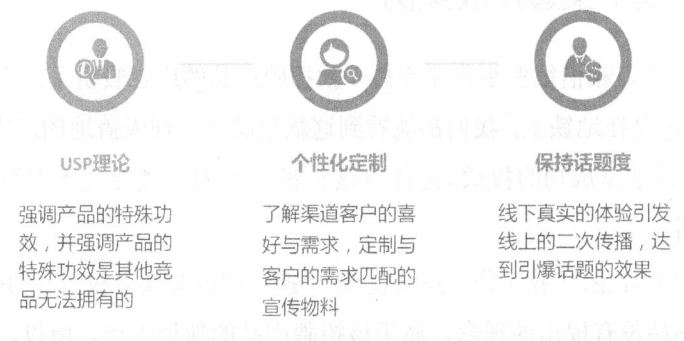

图 5.13　线下渠道投放原则

1. USP 理论

在运营领域中，USP 是 Unique Selling Proposition 的缩写，该理论是由美国营销大师罗瑟·瑞夫斯（Rosser Reeves）提出的，意思是独特的销售主张，也就是我们常说的卖点。

USP 理论要求我们在投放线下渠道时，要强调产品的特殊功效，并强调产品的特殊功效是其他竞品无法拥有的，同时告诉众多消费者在某种场景下要使用我们的产品。比如，某款招聘产品的"找工作，跟老板谈"等。

2. 个性化定制

个性化定制原本的含义是指客户介入产品的生产过程，将指定的图案和文字印刷到指定的产品上，获得个人属性强烈的商品或与个人需求匹配的商品。

将这种原则用到线下投放中，是指投放方根据渠道反馈，了解渠道客户的喜好与需求，定制与客户的需求匹配的宣传物料，从而达到更好的营销效果。

3. 保持话题度

线下真实的体验引发线上的二次传播，达到引爆话题的效果。比如，在展会的广告投放产生一定的效果后，可以利用互联网进行二次引爆，刷新热点。

5.7.3 线下渠道投放案例

2019年，相信很多小伙伴都被一款招聘产品的广告吸引了。无论是在电梯里，还是在地铁上，我们都能看到这款招聘产品铺天盖地的广告，也说明这是一次非常成功的投放。为什么这么说？因为它遵循线下渠道投放的三个原则。

- USP 理论："找工作，跟老板谈""换工作就是换老板"，是其他招聘网站没有提出的理念，属于该招聘产品的独特卖点。所以，它在客户目之所及的地方放大了这个卖点。
- 个性化定制：哪里的人最需要找工作或者换工作？以深圳为例，高新园、科技园附近的人的需求量大，在这些地方有针对性地投放广告，会有很好的效果，如图 5.14 所示。
- 保持话题度：我们重点来分析该招聘产品进行线下投放的操作。
  - ➢ "找工作，跟老板谈"，我们在第一次听到这条广告语时，觉得这个广告很低级，但是在听完后会感觉它很"魔性"。当我们觉得广告有"魔性"时，就说明这个广告成功了。

➢ 当时各大应用商店的 App 下载量排行榜显示，该产品虽然广告带来的争议不断，但下载量节节攀升。循环播放的广告已经在短时间内大面积地占领了客户心智，很多之前没听说过该产品的人也通过广告了解了这款 App。

图 5.14　某款招聘产品的线下投放

从以上案例中，我们可以学到线下渠道投放的三个要点。

- 投放要精准。线下渠道成本高，一定要按坐标、人群、收入等客户标签选择性投放。
- 做广告投放不是创作艺术品，只有美感是不行的。你的广告如果只有同行知道，只是在朋友圈里很火，也是一种失败。
- 花最少的钱达到最佳的效果。这个时代很残酷，每一条广告投放出去，都必须成为一个事件。不然你花出去的媒介费就会被每天出现的热点清零。

5.8　本章内容总结

最后我们来回顾一下第 5 章的内容。请大家通过思维导图总结并形成自己的理论体系。

- 渠道运营概述
- B端渠道运营框架
- 价值策略
- 内容形式与内容分发
- 渠道形态
- 渠道定向投放
- 渠道管理

以上就是本章的主要内容。在总结之后，相信大家对B端渠道运营过程有了比较详细的了解。希望大家把B端渠道运营框架运用到实际工作中，在工作中实践、优化自己的运营逻辑和方法论。

第 6 章
B 端客户经营体系

本章的内容是 B 端客户经营体系的模块，包含客户成长全阶段的经营策略及案例讲解。小新希望通过本章的内容让大家深入理解 B 端客户经营的概念，快速掌握不同阶段客户经营的方法，并将这些方法用于实践中。

6.1 客户经营

6.1.1 一个案例

首先来看一个案例。

2020 年以来，受新型冠状病毒肺炎疫情影响，全国学校延迟开学。虽然不能返校，但是学习不能落下，教育部因此发出"停课不停学"的号召，让学生通过网络平台学习。

为了解决学生们的学习难题，来自阿里的一款产品"自告奋勇"，把自己的"在线课堂"免费开放了。

随后，全国多个省份执行"在家上课计划"，推荐中小学生通过这款产品在线学习。数据显示，共有 2 万多所学校，共计约 1200 万人通过该产品进行线上学习。这是一组很好的数据，对大家来说，该产品确实在做一件很有价值的事情。

对学生来说，好不容易放假，都想在家好好休息。哪知道一声"钉"下，学生们就得起床，必须在规定时间内冲向书桌，打开电脑，听老师讲课。在家还要学习，学生自然不情愿，但即便心里有一万个不愿意，也不敢对老师发火。不过这"满腔愤怒"总得找地方发泄。

学生们听说，如果 App 在应用商店的评分是 1 分，会被强制下架。于是，从补课的第一天开始，大量学生不约而同、心有灵犀地"冲"进手机的应用商店，给该产品打出无数个 1 星，让产品评分一度从 4.9 分降至 1.3 分，如图 6.1 所示。

图 6.1　钉钉的遭遇

作为一个企业办公软件巨头，钉钉是怎么面对学生的怒火的？钉钉的回应如图 6.2 所示。

- 首先，在微博上贴了一张 DIY 图片求放过。"表情包"满脸委屈，配文字字珠玑，深切袒露了自己的心声："前世 500 次回眸，才换来你我今世相逢""我还是个 5 岁的孩子，求求手下留情""我知道，你们只是不爱上课，但别伤害我，拜托拜托"等。
- 接着，还在 B 站发布了《钉钉本钉，在线求饶》的视频。在 1 分 45

秒的视频里，钉钉秉持着"不敢反击，我还不敢怂吗"的原则，自比5岁孩童，求学生们一次给出五星的评价。
- 此外，还在抖音发布网课、在家办公等相关视频，获得客户的理解和认同，为自己积累了一波人气，评分也逐渐回升，从1.3分上升至2.5分。

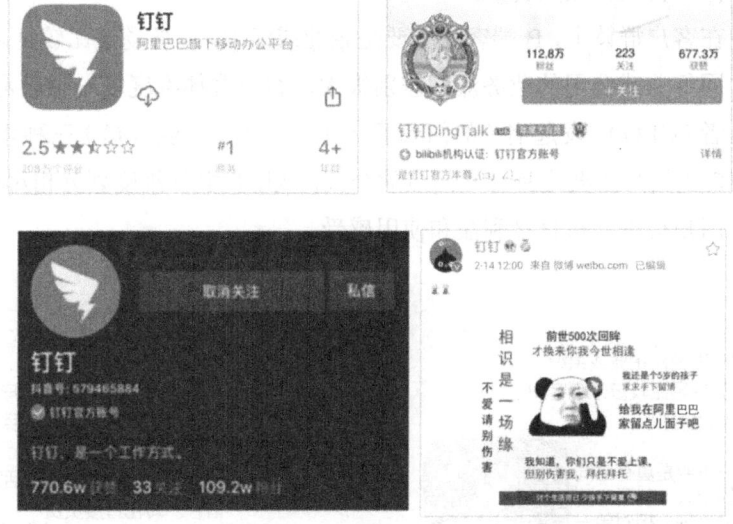

图 6.2　钉钉的回应

该产品为什么要向学生低头？其实它在做这个群体的客户经营。

经此一战，该产品凭借可怜兮兮、弱小无助的"人设"成功出圈，在微博火了，在全网火了，平息了学生的怒火，提升了客户满意度，扩大了产品知名度。

其实，该产品认怂的背后，有严密的客户经营逻辑在支撑。

6.1.2　客户经营概述

客户经营指以**客户**为中心，为目标客户提高收入、提升效率、降低成本、控制风险，获得高客户满意度，并实现盈利的工作。

B 端与 C 端在客户经营上有很大的不同。图 6.3 展示了二者的差异。我们从 B 端、C 端运营岗位的工作职责、客户群体两个方面进行讲解。

- 在工作职责上，B 端的客户关系需要长期经营，快速响应客户需求，解决客户问题，达到客户购买、复购的目的。C 端是专人专岗，容易明确工作内容和工作目标，一般会有专人对用户的拉新、活跃、存留、转化直接负责。
- 在客户群体上，B 端客户主要是企业或组织，业务场景比较复杂，不同行业或公司的业务流程差别很大，客户群体维度多，一般是决策者（CEO）、发起者（部门负责人）和使用者（业务员）三种角色。C 端用户主要是具有共同点的个人，从用户群体维度划分相对单一，用户会更注重直接利益和使用感受。

B端：客户主要是企业或组织，业务场景比较复杂，客户群体维度多

C端：用户主要是具有共同点的个人，从用户群体维度划分相对单一

工作职责

客户群体

B端：客户关系需要长期经营，快速响应客户需求，解决客户问题，达到客户购买、复购的目的

C端：有专人对用户的拉新、活跃、留存、转化直接负责

图 6.3　B 端与 C 端在客户经营上的差异

这就要求我们在面对 B 端客户时，需要对客户进行分层，针对不同层级的客户采用不同策略。既要认清企业中的决策者，知道谁能决定项目的生死、达成购买意向，又要照顾使用者的需求，满足其操作需要，提升客户满意度。

6.1.3　B 端客户经营的优势与目的

至此，有的小伙伴可能会有疑问：B 端与 C 端的客户经营差别那么大，到底哪个更适合自己呢？

从小新的经验来看，B端客户经营更像**行业专家**，用专业知识从企业层面帮助客户解决问题、提升效率、提升产能，从而让客户自发购买、产生复购，为企业带来效益；而C端客户经营更像"全才"，对市场负责，借助各种营销手段、运营方法策划不同的活动，为企业产品引流并实现转化，直接创造效益。

接下来小新着重讲解B端客户经营的优势。

1．B端客户经营的优势

1）发展空间巨大

广阔的行业前景带来了巨大的发展空间。从传统厂商的招聘职位来看，几乎没有专门的客户经营岗位，B端客户经营人才未来几年的需求量会增大。

2）职业壁垒极高

B端产品业务复杂度高，客户经营需要从业人员深入研究该行业专业知识，才能更好地经营客户关系。客户经营人员可成长为某个细分领域的业务专家，职业壁垒极高。

3）复合能力极强

客户经营人员需要具备专业化横向思维和场景化纵向技能，需要掌握多种技能和综合能力。这样的客户经营人员无论是在本岗位深入发展，还是转行转岗，都是炙手可热的人才。

2．B端客户经营的目的

为什么B端企业这样重视客户经营？

有句话是这么说的：今天还是我们的样板客户，明天客户需求变化了，如果我们不能及时满足，客户满意度就会降下来，客户甚至会离我们而去。

IBM因为解决客户关注的业务问题，帮助客户实现战略目标，成长为"蓝色巨人"。富士通为丰田等大型客户专门组建团队，在帮助客户实现战略目标的同时，也促进了自身的快速成长。

真正以客户为中心，实现客户经营目标的企业，才能实现自身的快速发展。

所以 B 端客户经营的目的是了解客户痛点，响应客户需求，维系客户关系，实现客户在全生命周期内价值最大化的目标，促成企业与客户的互利共赢。

6.2　B 端客户成长阶段及经营策略

6.2.1　一个案例

在系统讲述 B 端客户成长阶段及经营策略之前，我们先来分析一个客户经营的成功案例。

深圳某财富管理股份有限公司是一家智能证券服务商，致力于以金融科技革新证券服务业，以大数据、AI 技术提升证券服务业各环节的效率，为个人投资者提供智能投资服务，为证券市场经营机构提供各类智能解决方案。

目前这家企业已服务 30 余家证券公司，占全国证券公司总量的 27%。

近期该公司在对接某客户时，发现客户对公司提供的接口数据产品的调用率非常低。经过分析原因发现：

1. 该客户公司的研发经理离职，且工作交接出现了问题。

2. 该客户公司的产品决策者的需求发生了变化，尚不清楚现有合作能否满足客户需求。团队还处于重新梳理需求的状态。

3. 该客户公司的产品发起者抱怨很多接口调用过程太复杂，需要简化，同时需要跟进与培训。

在了解客户情况后，该公司的运营团队快速制定方案。

1. 紧急组建内部服务小分队，为客户提供对接服务。

2. 针对客户管理层的需求做面谈沟通，梳理了接口调用产品的特性，并为客户的新需求提出解决方案。

3. 针对该客户的业务需求进行培训，简化接口调用标准，同时在接口调用程序内增加帮助提示，使客户在每一个调用环节出现疑问时都能及时找到快速的处理方法。

结果：

经过约 14 天的介入指导，该客户的各项指标恢复正常，新的业务需求也得到了合理的满足，该客户正常续约。

这是一个非常典型的 B 端客户经营及危机预警的案例。

首先，该公司的运营团队对数据敏感。客户对接口数据产品的调用率很低，这就非常奇怪。金融端的数据接口搭建十分耗费企业资源，为什么这家证券公司在购买之后的使用率如此之低呢？在这里需要提醒一下大家，在跟进客户的过程中，一旦发现异常要及早介入，要第一时间向客户了解情况。我们在工作过程中也要培养这样的敏感性。

其次，预警的问题很严重。如果不及时解决，客户就会认为我们的产品不能匹配他们的业务需求，觉得产品没有达到他们的预期。一旦造成这样的误解，要挽回客户是十分费劲的，甚至还会造成客户流失。

最后，提醒大家一点，B 端产品的搭建周期长、成本高，客户在拿到产品后恨不得立刻就投入使用，即使在培训期间遇到问题也会主动沟通。像这种不询问的情况很少见，一定是客户本身遇到了难题，此时我们一定要及时跟进，主动出击。

我们再来总结一下这个案例，按步骤进行拆解。

- 了解现状：研发人员离职、需求变化、抱怨产品使用复杂。
- 拆解痛点：无人处理难题、新需求得不到建议、快速入门及学习。
- 抓住关键客户：谁可以解决问题？——产品决策者、产品发起者。
- 提出方案：怎么解决这个问题？——成立内部服务小分队、跟进新需求、培训赋能。
- 跟进反馈：是否解决了问题？——客户按照建议实施后，恢复正常调用率，提升满意度。

如果你能做到以上 5 步，你的客户经营工作就会事半功倍。

6.2.2 B 端客户成长阶段及经营策略概述

在学习上述案例后，大家应该对 B 端客户经营已经有了比较清晰的思路。比如，要了解客户所在的行业、抓住客户痛点、明确关键决策者、解决客户问题、持续跟进客户等。

现在小新把 B 端客户成长阶段及经营策略提炼出来，这就是我们所说的 B 端客户经营的整体框架，如图 6.4 所示。

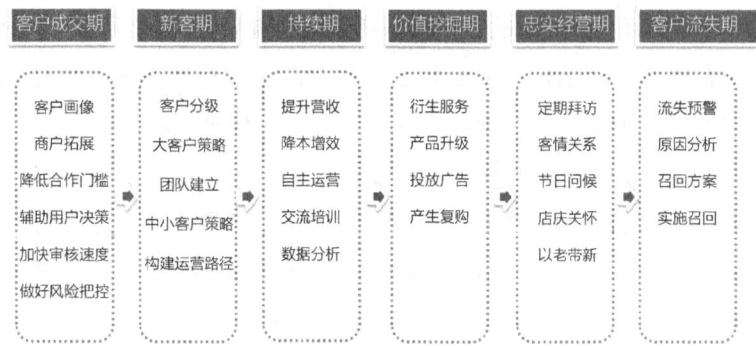

图 6.4 B 端客户成长阶段及经营策略

在做 B 端客户经营时，主要分客户成交期、新客期、持续期、价值挖掘期、忠实经营期和客户流失期 6 个阶段进行，不同的阶段有不同的侧重点。

比如，在客户成交期，除了做好客户画像的构建工作，还需要探寻降低客户合作门槛的运营策略。在客户流失期，需要分析客户流失的真正原因，并且制定召回的运营策略。

6.3 客户成交期

我们先来讲第一个阶段：客户成交期。顾名思义，这个阶段主要是达成交易的阶段。

这个阶段需要解决的问题是交易的对象是谁、有什么特点，以及怎样才能达成交易。

接下来小新要讲一个概念——客户画像。

6.3.1 客户画像

制作客户画像的目的是收集行业特征、企业特征、关键决策者特征，全面了解目标客户。这与第四章 B 端内容定位中的客户画像明显不同，内容定位中的客户画像更加宽泛，针对的是行业的某一群体，目的是更好地匹配内容。而此处的客户画像更加具体，甚至能够细化到具体的某几个人去进行提炼。

客户信息从哪来？可以从以下渠道入手，如潜在或现有客户问卷调研、潜在或现有客户一对一访谈、销售团队访谈、内部数据挖掘分析、公司高层访谈、客户成功团队访谈、同业交流（正式/非正式会议）、公开/付费数据分析报告等。

大家可能会觉得客户画像是老生常谈了，做运营的人没有不熟悉客户画像的。但 B 端客户画像可不是常见的客户年龄、性别、兴趣、习惯等因素的集合，而是从企业角度进行分析的内容。

B 端客户画像是企业和多个核心角色共同构成的画像。构建 B 端客户画像需要三部分的信息——企业信息、角色信息和客户路径。

1. 企业信息

企业信息包括企业所处行业、人员规模、商业模式（靠什么赚钱）、业务模式（业务怎么运作）、收入规模（年营业额）、在用或用过哪些同类产品，如表 6.1 所示。

表 6.1 企业信息表

企业所处行业	人员规模	商业模式	业务模式	收入规模	在用或用过哪些同类产品

2. 角色信息

了解企业信息能够帮助你快速定位目标企业，让工作的目标和方向更明确。而这只是构建 B 端客户画像的第一步，我们还需要了解 B 端客户的角色信息。B 端客户的角色较多，可分为决策者（老板）、发起者（财务、业务部门负责人）、使用者（使用产品的用户），我们要分别对这些角色建立起相应的客户画像。

这样说可能非常抽象，我们来看一个案例。

案例中的主角是一家专注于语言翻译和内容管理的公司，它提供的公司软件服务产品（见图 6.5）的主要作用是帮助企业内部提升语言翻译效率和业绩。这款产品针对不同企业提出的解决方案的价格，大概在数万元到几十万元之间。

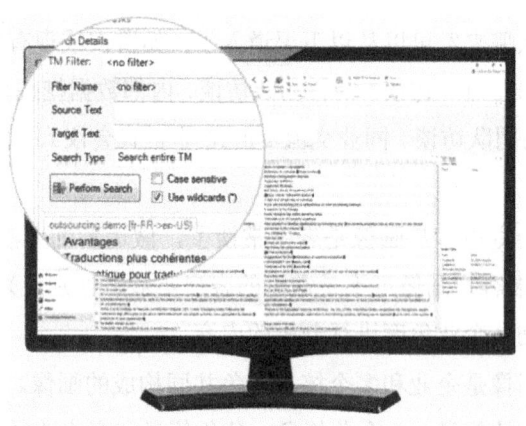

图 6.5　公司软件服务产品

如果我们想把该公司的产品卖给某国际化企业，首先要打动该企业翻译部门的负责人，再说服 CEO 或董事长，最后让翻译部门的员工体验试用。

在确定了角色之后，我们还要了解他们的话语权，这一点非常重要。在这个案例中，翻译部门负责人是决策链的关键人物，是发起者。如果取得了发起者的极度认可，成功率就达到了 70%。因为发起者在认可之后，会在 CEO 面前评价这款产品，而 CEO 会听取发起者的意见。

为什么翻译部门员工的意见也很重要？因为他们是最终的使用者，是这款产品的检验者，检验这款产品是不是真的适用。也许在企业决定购买这款产品之前，翻译部门的员工没有话语权，但是在续费的时候，他们的话语权最大。

在了解了企业的各个角色及其话语权之后，我们就要收集各自的特征，这样有利于在跟他们交谈的时候打动他们。角色的主要特征包括年龄、学历、对新事物的接受能力等。

最后，根据这些角色的主要特征，优化、更新展示内容，调整卖点信息，逐个击破。这是在客户成交期客户画像的具体用途与意义。

3. 客户路径

客户路径是指从客户接触你到最终离开你，这中间经历的每一个环节。如果你不知道环节有哪些，建议你多和客户聊聊，梳理出客户路径，这点非常重要。

常规的客户路径包括产生需求、寻找解决方案、权衡利弊、决定购买、使用、续费、流失七个环节。在整个路径中，我们需要思考以下几个问题。

- 产生需求环节：在什么情况下客户产生了需求？
- 寻找解决方案环节：客户在何时、何地看到了我们的产品？
- 权衡利弊环节：客户在顾虑什么？是成本、收益、风险，还是他人意见？
- 决定购买环节：什么原因让客户下决心购买？
- 使用环节：客户在使用过程中发生了哪些愉快和不愉快的事？
- 续费环节：什么原因让客户续费？
- 流失环节：客户为什么不续费了？

只有对整体路径进行把控，才能从全局思考，明确当前阶段的运营重点。

接下来，我们一同学习一个在客户成交期成功运营的案例。

2014年，某共享汽车产品刚进入中国市场，客户体验并不尽如人意。以深圳为例，在该共享汽车产品刚进入深圳时，平均15~20分钟才能接载到客户。接载力不足导致大量客户取消行程，给产品开拓市场造成了巨大阻碍。

作为同时服务司机和乘客的产品运营人员，其首要任务就是缩短司机的接客时间和保证司机的服务质量。

那么，在扩大司机规模和保证司机的服务质量之间，你会如何选择？

产品运营人员给我们的答案是优先扩大司机规模。

我们一同来拆分他的运营方案。

- 车 5 年内、价值 8 万元以上即可入驻——降低入驻门槛。
- 上传司机的驾驶证、行驶证、身份证件和一张司机与车辆的合影即可完成申请——注册方式简单。
- 将信息审核外包给第三方——提升审核效率。
- 注册成为车主后即可上岗运营——快速得到反馈。

通过拆分产品运营人员的运营方案，我们可以发现，在客户成长期，该共享汽车产品对 B 端客户（司机）是非常友好的。由于操作简单、入驻方便，司机大量涌入，产品也快速打开了市场。

6.3.2 客户成交期运营策略

客户成交期运营策略主要有以下 4 点。

- 业务形态：业务场景复杂，角色多样，流程差异大，不同的客户需要不同的解决方案。
- 客户特点：客户决策链条长、角色多；注重效率、成本、管控；需要进行客户画像分析。
- 运营难点：降低合作门槛，在保证便捷性的同时满足平台风险管控。
- 运营重心：打造极简的上线流程，降低入驻门槛；筛选有效信息，辅助客户做出决策；快速审核，快速上线；打造成功案例，加速入驻转化。

6.4 新客期

客户成长的第二个阶段是新客期，新客期是客户与企业磨合的阶段。在这一阶段中，客户更加熟悉产品功能，企业对客户的业务、体量、需求也更加了解。

在同一时间内，我们并不是只跟进一个客户，这时了解不同客户的共性，把他们进行归类，对具有共性的客户采取同样的运营方式，会极大地提升效率。

6.4.1 客户分级

1. 一个案例

在讲解客户分级之前，我们先来看一个案例，初步了解一下客户分级的好处。

某云服务提供商结合客户体量、客户现有业务制作了客户等级评定表，对客户进行了分级，并据此给予客户相应的服务。

根据客户的订单量级，该云服务提供商界定了A、B、C、D四类客户群体。A类是高价值客户，B类是战略客户，C类是示范客户，D类是潜力客户。

针对不同层级的客户，该云服务提供商设置了不同的标准化运营策略，每个运营策略都有相关的细分指标。

该云服务提供商通过使用客户分级方法，使客户流失率降低了15%，使客户运维服务团队的整体效率提升了30%，大大增加了公司收益。

我们可以看到，不同等级的客户享受的服务有很大区别。

有的人可能要问："客户经营要以客户为中心，为什么不给所有的客户最好的服务呢？"这是一个好问题，请大家先思考一下，小新在后面再提供问题的答案。

2. 客户分级的定义

从上述案例中我们可以看到，把客户放入对应的等级，能降低客户流失率，提升公司效益。

什么是客户分级呢？

客户分级就是根据客户对企业的贡献率等指标对客户进行多角度衡量与分级。B端客户一般分为关键客户、重点客户、一般客户、普通客户4级。

这4类客户遵循"二八法则",即前面20%的客户给平台创造了80%的价值,前面的客户也称为大客户或KA客户。

这就是我们不会给所有客户提供相同服务的原因,并不是所有客户都能带来巨大价值。

3. 客户分级的优点

客户分级的优点如下所示。

1) 满足不同客户的需求

平台上的客户可以根据聚类分析(或自定义指标)分成若干类,每一类客户的需求和特征都是不同的。分级运营可以满足不同客户的不同需求,也可以更快地响应同级别客户的相同需求。

2) 做到资源利用最大化

对企业来说,不是每个客户都能给企业创造价值,要聚焦目标,抓大放小,把有限的资源放在能给企业带来价值的客户身上。

6.4.2 大客户策略

1. 一个案例

深圳某企业顾问有限公司是中国著名的管理培训公司,为企业提供咨询管理服务。其擅长领域包括以下两个方面。

- 企业培训:开设管理系列、市场营销系列、人力资源管理系列、电信运营商业务销售管理系列、服务系列等多个系列的课程。
- 咨询管理项目:员工职业化建设、企业文化、薪酬制度、绩效管理、培训体系。

目前，该公司已为华为技术有限公司、爱默生能源、腾讯科技、广东核电、中国移动、中国电信、新浪公司等提供多项培训与咨询服务，是这些企业长期稳定的合作伙伴。

该公司在业务运营期间发现了很多问题：

- 在合作的客户中，有世界500强企业，也有中小企业。不同企业的体量、规模和盈利水平差异较大。
- 中小企业的咨询服务复杂，且无法标准化，客户合作规模小。
- 团队投入产出比严重不足，耗时较高的项目通常服务回报低。

所以，运营团队经过思考后制定了解决方案。

- 根据客户黏性、利润率、客户规模对客户进行了划分，针对不同等级的客户采用不同的运营策略。
- 成立大客户服务项目组，重点跟进已合作客户中的前10名客户的需求。

获得的成果是显而易见的。经过为期半年的运营策略调整，该公司最终促成老客户持续复购，在6个月内复购率从以前的17%提升至45%。

所以，做好客户分级，针对不同等级的客户采取不同的运营方式，很有必要。

2. 认清大客户

首先，我们要清楚什么样的客户才能被称为大客户。

大客户一般又称为关键客户、优质客户、重点客户等，是指那些消费频率高、消费量大、利润率高、对企业经营业绩产生重要影响的客户。其余的客户可以划分到中小客户群中。

大客户具有消费额高、客户群体广、连锁门店多、品牌效应强、知名度高等特征。

为什么平台需要大客户？大客户会给平台带来哪些效应？大客户一般会给平台带来以下几种效应。

- 大客户能带动销售额的增长。
- 大客户能带来自身平台的品牌曝光。
- 拓展大客户是提高市场占有率的有效途径。

此外，对 B 端客户来说，大客户的成功经验会起到行业标杆作用，从而吸引更多大客户入驻平台。

3．筛选大客户

既然知道了大客户的特征，那么我们要如何筛选大客户呢？

如果平台本身比较成熟，可以用平台的数据对大客户进行分析和筛选；如果平台处在初创期，可以根据第三方数据对大客户进行分析和筛选。

筛选大客户一般分 3 个步骤。

- 根据"二八法则"，筛选出对平台的销售额或利润的贡献在 80%以上的客户。
- 将筛选出的客户以区或城市为单位分组，看其在当地是否具有影响力，是否能带来客户的增加。
- 按客户属性进行划分，将全国连锁店分配给总部大客户销售，将区域连锁店分配给区域大客户销售，将城市连锁店分配给当地大客户销售。

4．大客户运营

大客户运营是一项系统工程。要做好大客户运营，需要重点注意以下几个方面。

1）建立大客户销售运营部门

按照职能来分，大客户销售运营部门应该有以下几种岗位：

- 大客户销售人员：对大客户进行拜访、跟单、成交等一系列工作，并拓展客户关系。
- 大客户运营人员：通过推广活动、运营手段使销售额不断增长。
- 产品经理：对不同大客户的需求，制定不同的产品方案和策略。

- 数据分析师：根据业务数据监控业务波动情况，并根据分析结果提出优化意见。

2）采取适合的销售模式

大客户的需求比较复杂，无论是在产品上，还是在运营方式上，都与中小客户不同。

大客户销售人员在跟进大客户时，跟进周期长，谈判次数多，产品改进次数多。所以，在面对不同的大客户时，大客户销售人员和大客户运营人员需要了解这个客户的需求和痛点，有针对性地提出产品方案、运营手段和谈判技巧。

- 首先，分析大客户的商业需求。大客户一般有以下几种商业需求：品牌推广、销量提升、业绩提升、业务管理等。
- 其次，制定销售策略，根据大客户的不同需求对产品和运营方案进行优化。

3）建立适合的运营模式

大客户运营人员需要深度地了解大客户的产品属性、公司特点、竞争优势，帮助他们利用平台的营销工具和资源快速适应平台，促进销售额增长。具体操作如下。

- 锁定商机：根据大客户的主营业务和产品特点，包装大客户的优势产品，重点突破。
- 资源开发：整合内部资源与外部资源，共同导流。
- 推广：利用线上平台的优势资源推广大客户的产品，如开辟大客户的专属通道。
- 活动：设计多种活动刺激用户消费，前期可采取用户补贴的形式，保证产品一上线就能带来立竿见影的效果，起到标杆的作用。
- 服务：开辟大客户专用绿色通道，一对一地解决大客户存在的问题，及时反馈。

6.4.3　中小客户策略

1．一个案例

成都某家居服务公司是专注于年轻人的一站式家装及家居体系服务商。该公司由一群想要改变糟糕装修体验的年轻人,于2015年在最懂生活的成都创办。主要客群为追求品质生活的年轻群体。

目前,该公司有三大服务体系:清水房软硬一体化美学整装、精装房美学整配、老房整装改造。

产品包括定制家具、成品家具、窗帘软饰、静音门窗、健康床垫,全方位满足目标人群的整体家居需求,已累计数千个优质案例。

发现问题:

随着市场发生变化,成都地区新房均为精装房交付标准,业务经理需要重新调整经营策略。

此时老城区二手房改造需求逐渐增加,业务经理经常对接一些相对较小的需求,如仅对十几平方米的房屋进行装修,业务开始非标准化。

解决方案:

针对老城区二手房改造中业务相对较小的客户,制定了二手房标准化改造方案,尽量满足小客户需求,并给予其更多的装修指导意见。

结果:

在此运营策略执行90天后,该公司在二手房改造客户群体中迅速获得了良好的口碑,并成功促使7位老客户整装合作。该公司既未耗费过多精力,又维护了小客户关系,获得了更多的订单和收益。

从这个案例可以看出,中小客户运营重在维持关系,并不是要在某次交易中直接获得收益,我们看重的是中小客户的人脉资源和成长潜力。

2．中小客户的特点

中小客户具有忠诚度低、偶然性大、业务极不稳定、利润率低等特点,一般可以分为一般价值客户、潜在客户、重度保持客户、付费客户四类。

中小客户运营的核心在于发现促进业务发展的关键指标，通过数据分析和运营手段促使指标提升，这点和 C 端的手法比较相似。

3．中小客户分层运营

中小客户也讲究分层运营，具体如下：

1）一般价值客户

对于一般价值客户，进行常规运营即可。

正常品牌宣讲、产品特性宣传发布尽可能覆盖，常规通知。

2）潜在客户

对于潜在客户，着重进行客户引导。

功能特性重点通知，选取典型客户调研走访，深入了解客户需求，分析客户关键路径和关键行为（提高客户转化率、降低客户流失率）。

3）重度保持客户

对于重度保持客户，提升体验，促使其活跃并转化。

深入了解客户诉求，快速解决影响客户体验的问题，明确影响客户使用与转化的因素。

4）付费客户

对于付费客户，帮助其解决问题。

了解客户及其行业背景，量身提供合理解决方案，平衡客户问题解决与客户转化的关系，保证客户体验与产品口碑。

通常在新客期，中小客户对平台会抱着尝试的心态，对平台的信任度也不高。所以我们要根据客户分级洞察客户需求，匹配相应资源，帮助客户成长，才能实现效益最大化。

6.5 持续期

进入持续期后,我们对客户的关注重点变为降本增效、提高营收指标。客户需要看到实际效果,同时也会提出更多需求,以持续提升业务的绩效。

因为客户需要自主地使用我们提供的产品达成业务目标,所以这个阶段的难点在于培养客户的自主运营能力,如通过阶段培训等方式引导客户成长,帮助客户产生持续价值。

那么,我们的运营重心也要随着客户需求的改变而改变,让客户伴随平台的成长而成长,享受平台发展红利。

在持续期阶段,能否让客户在平台看到持续的价值,是实现客户留存最为核心的因素。

因此,这个阶段的运营重心体现为以下几点。

- 重点客户实行一对一或一对多帮扶,让他们进一步熟悉业务规则和玩法。
- 定期组织行业交流与培训,打造行业标杆客户,通过案例分享树立榜样。
- 做好数据分析,引导客户通过数据发现在整个业务流程中存在的问题,不断改进和优化。
- 引导发挥各自优势,做好客户经营,最终实现客户业务指标的提升。

持续期包含了客户成长期和客户成熟期两个阶段,是客户适应产品并快速成长的黄金时期。

在这一阶段,我们应该为客户规划好成长体系,引导客户扩大产能,做好客户服务,挖掘更多产品特点,发挥自身优势,为客户创造持续的价值回报。

6.6 价值挖掘期

在持续期之后的一段时间内,通常运营团队还会针对老客户进行价值挖掘。

在不同的业务模式和收费模式下，可挖掘的价值也不同。总体而言，可以挖掘的价值主要有以下几点。

1. 提供衍生产品

比如，上文案例中所说的那家专注于语言翻译和内容管理的公司的产品是一款企业十分信赖的翻译软件，它在为企业提供标准化的解决方案的同时，还可以为一些需要进行独立服务部署的企业提供服务器产品方案。客户通过自建服务器的解决方案，获得了更高的安全级别，以及更为便利的服务。

2. 提供增值服务

比如，客户在使用某些 SaaS 软件基础版的时候免费，如果想使用软件里面一些独特的功能，就需要付费。软件提供的这些独特的功能就属于增值服务。

3. 升级产品版本

比如，一些提供小程序的服务商推出的小程序版本，可能会分为基础版、普通版、高级版、超级 VIP 版等，每一个版本的价格都不一样。客户刚开始购买的是低价版本，在使用的过程中，可能会购买价格更高的版本。

4. 利用广告盈利

比如，石墨、有道云软件因为使用的客户很多，所以可以通过广告的形式产生部分盈利。

5. 达成以老带新

当服务的客户感到满意时，客户会推荐新的客户来使用产品或者服务。

6. 促使客户复购

当客户购买的产品到期时，如果客户使用满意，那么客户复购的可能性将会大大增加。

在客户生命周期的每个阶段，客户都是能够产生价值的，主要看我们怎样运营和挖掘。

6.7 忠实经营期

开发十个新客户，不如维护一个老客户。那么，究竟要怎么经营老客户呢？下面我们来看一个案例。

6.7.1 一个案例

广东某贸易公司于2001年成立，主要向服装批发商供应客户管理软件。

该公司的知名度不高，公司成员仅12人（其中包括4位销售经理、1位销售总监）。

他们发现了一个问题：在市场开拓过程中，销售经理强调拉取新客户，把大量资源投入新客户的开发中，但效果不尽如人意，开发的新客户活跃度不高，老客户也逐渐流失了。

因为人力资源有限，关系维护能力薄弱，导致客户积累多，实际效果惨不忍睹。

那么，如果你遇到同样的情况，是先发展新客户，还是先维护老客户呢？

成熟的运营人员都会选择维护老客户，原因有以下四个。

- 开发一个新客户的成本是维护一个老客户的5倍，维护老客户可以节省成本。
- 对老客户比对新客户更加易于开展营销活动，老客户对产品或服务接受度更高。
- 根据"二八法则"，老客户为企业创造了绝大部分的利润。
- 现代企业竞争的本质是客户忠诚度的竞争，与新客户相比，老客户的忠诚度更高。

6.7.2 老客户经营原则

对老客户进行经营，做到以下五点，往往会收到事半功倍的效果。

- 细分客户属性

客户属性包括客户收入、社会背景、人脉资源、地域、对产品的满意度、忠诚度等。

- 挖掘客户痛点

服务源于需求，当客户需要你为他解决问题时，你要针对客户痛点及时服务到位。

- "先予后取"的客户经营原则

在保证基础服务的基础上，在感性层面多付出，引起客户关注，进行渗透式营销。

- 定期回访，主动反馈

定期回访，随时指导、鼓励客户，让客户知道你在关心他。

- 让利老客户，以老带新

可以给老客户提供让利机会，当老客户带来新客户时，可以享受一定的优惠，以此提升老客户的忠诚度。

6.7.3 客户成功

1. 客户成功的定义

企业和客户之间的最佳关系是什么？答案是企业帮助客户达到客户成功的状态。

客户成功是指在两家企业合作的过程中，客户的需求被满足，乙方帮助客户解决了问题，这个状态叫客户成功。客户成功是产品帮助客户实现业务目标的过程。

达成客户成功的关键点是明确客户真正想要完成的目标，并帮助客户达成目标。在这个过程中，你的关注点不在客户身上，而在客户成功这个目标上。

那么，客户成功的标准是由谁制定的？由乙方和购买方决策人共同制定，不能由任何一方单独制定。

在制定客户成功的标准时，要尽量做好预期管理。怎么制定客户成功的标准呢？只需要三个步骤。

- 发现：挖掘客户需要解决的问题。
- 将要解决的问题进行细化。
- 和客户一起制定接下来要实现的目标。

在将客户成功的标准制定好之后，我们就要使尽浑身解数帮助客户达成目标了。接下来小新和大家分享一个客户成功的案例。

2．一个案例

东莞某寝室用品有限公司创立于 2004 年，专业致力于人体健康睡眠研究，从事整套健康睡眠系统的研发、生产和销售。

该公司深知占据人生三分之一时间的睡眠意义非凡，为此确立了"让人们睡得更好"的使命。

在践行"客户满意、整合创新、合作共赢、激情奋斗、诚信尽责、自我批判"核心价值观的过程中，该公司的业务迅速扩展至全球。目前全球专卖店已突破 4800 多家，遍及澳大利亚、美国、意大利、加拿大等 20 多个国家和地区。

在服务行业客户方面，该公司的产品与运营团队经历了以下几步：

1）发现行业客户的痛点

在服务酒店行业合作商时，该公司的产品与运营团队了解到酒店行业的痛点——星级酒店的服务较为同质化，无法满足高端客户的个性化需求，导致大批高质量客户流失，所以非常需要快速解决酒店床品的睡眠舒适度问题，同时满足个性化的需求，帮助住客提升整体睡眠质量，提升高质量客户的满意度。

2）与酒店共同制定"客户成功"标准

基于对酒店行业痛点的分析，该公司与酒店共同制定了"客户成功"标准：提升住客科技化的使用需求，提升住客住宿满意度与推荐率。

3）实现客户成功

- 针对客户需求，该公司推出健康酒店睡眠系统——酒店行业解决方案。在眼、耳、鼻、舌、身、意"六根"睡眠文化的基础上，为住客提供精准睡眠解决方案，提供最适合住客的床垫、枕头等寝具。
- 随着在智慧睡眠领域的发展，该公司独家为酒店打造了第六代 T9 智能睡眠系统和第七代 T10 智能睡眠系统。通过人体工学数据库、App 和智能感知功能，智能睡眠系统获取了住客的身高、体重、体型、睡眠习惯等数据信息。
- 以人为中心，自动识别、自动适应、自动调节的床垫贴合身体曲线，并自动适应个人的体型和睡姿，增加深度睡眠时长，进而提高睡眠效率，为住客提供更好的健康睡眠。
- 为住客提供可视化数据报表，包括个人睡眠、健康等体征数据，并从专业角度给出更加合理的睡眠建议。

经过提供一系列的解决方案，该公司不仅帮助客户实现了"客户成功"，在健康睡眠酒店不断裂变的同时还与数十家酒店建立了长期合作的关系。

6.8 客户流失期

众所周知，留住客户是一件很重要的事。然而，在服务客户的过程中，不可避免地会出现客户流失的情况。

那么，为什么会出现客户流失？如何挽回流失的客户呢？

想要挽回流失的客户，我们首先需要找到客户流失的原因。

导致客户流失的原因有两个：

- 一个是新客户没有成长起来，可能是因为客户成长引导做得不好，也有可能是因为在合作过程中，新客户在产品上遇到某些无法解决的问题等。

- 一个是老客户不再活跃了,这是我们要讲解的重点。

这一阶段的运营重心包括以下几点。

- 持续关注客户问题反馈并及时跟踪是否得到有效解决。
- 通过销售数据预测潜在流失客户,做预警,有针对性地进行挽留。
- 及时关注外部环境发生的变化,监控客户活跃度。

接下来让我们看一个客户流失的案例。

淘宝是目前各大电商平台中拥有用户量最多的一个平台,入驻的商家也非常多,曾经出现一家独大的盛况。

随着京东、拼多多、小红书等电商平台的入场,它们给商家、用户提供了大量的补贴,淘宝的用户活跃度明显不如从前。

2018年,淘宝推出的新规则(新规则将每家店铺的星级展示全部变成了灰色,同时增加了多维度的考核,最终的星级是经过综合评定后采取点亮星星的方式展现的)让大量淘宝卖家集体出走,淘宝损失惨重。

从这个案例中可以总结出的老客户流失的原因如下。

- 平台竞争力下降

产品体验差、收费过高、某些产品功能被新平台取代等因素都有可能造成平台某方面或者整体竞争力的下降。

竞争力是多方面的,我们需要随时监控市场动态,根据行业最新动向在产品策略和运营策略上做调整。

如果运营策略始终一成不变,一不小心就容易被市场淘汰,被客户抛弃。

- 持续价值递减

如果长期无法实现"客户成功",那么客户就会因为失去经营动力而流失。

这种情况需要进一步分析:究竟是客户自身原因导致的无法盈利,还是产品内部环境导致的无法盈利?

如果是产品的问题,就需要分析这种政策上的调整是否会造成大面积的客户流失。一旦出现持续性的客户流失,就需要及时调整政策了。

- 竞争对手恶意"挖墙脚"

竞争对手给客户开出非常有诱惑力的条件，只要合作就给予一系列的优惠政策，导致客户发生转移，从而流失。

针对这种情况，首先要分析这是个案还是集体性的。如果是个案，可以考虑给客户匹配竞争对手的资源。如果匹配资源力度确实太大，也可以放弃个别客户。如果是集体性的，就需要整体考虑，快速跟进并做好客户挽留。同时也要主动出击，对竞争对手的客户进行有针对性的挖掘，与竞争对手展开周旋。

小新也总结了客户流失期运营的 3 个核心要素：

- 充分理解客户所处行业的发展趋势，将互联网运营思维和营销工具与客户所处行业做深度结合。
- 充分挖掘客户的优势资源，学会"借力打力"，帮助客户运用平台的营销工具和规则达成客户成功的目标。
- 利用榜样的力量，通过塑造标杆客户，打造成功案例，影响同行业其他客户。

在客户流失期，我们更应该注重数据分析，观察产品使用情况，及时干预可能要流失的客户。对已经流失的客户，要分析其流失的原因，有针对性地制定召回方案，并实施召回。

在表 6.2 中，小新总结了常见的客户流失原因及对应的解决方案。大家可以根据这些建议尝试优化运营、召回客户。

表 6.2 客户流失原因及解决方案

客户流失原因	解 决 方 案
产品价值或服务价值减弱	提升产品核心功能及特色服务能力，多进行调研与测试
客户引导流程不清晰，客户觉得复杂	完善流程的引导，简化操作步骤，赋能培训
客户成功标准不清晰	和决策者、发起者再次沟通，重新制定客户成功标准
客户中的发起者与决策者未参与整个实施过程	引导双方高层面谈沟通，引导客户中的决策者参与交付过程的研讨会议，展示同类成功案例与客户成功标准
客户中的对接人或决策者出现变更	这属于常见的流失原因。目前合理的解决方案是尽快与新的对接人或决策者对接，汇报产品方案，以及提供客户成功的衡量标准。

6.9 企业生态运营

企业生态运营是小新通过学习商业模式并且在行业中进行运营工作的实践所带来的思考。

在上文中，我们就 B 端产品客户经营体系讲了很多。那么，在运营工作中，除了客户，其他利益相关方的工作是否就处在运营人员的思考范围之外了？并不是，在具体的实践中，我们能够发现，当企业在所属行业中处于领先位置时，需要举办一些行业大会，邀请整个供应链体系中的上下游企业来参加，并且共同思考行业的未来。当行业中的其他利益相关方与处于领先位置的企业进行交流的时候，如果该企业的运营人员只是简单地把各方推给职能部门，如采购部门、销售部门、研发部门等，那么，该企业原本聚集的那股气就散了。

这是什么原因？这涉及关于行业未来以及玩法的思考。在行业大会举办期间，各种新技术、新愿景、新思考的诞生，必定会引发行业内各利益相关方的思考。目前这种固定的销售、运营或者研发的模式，有没有可能发生变化？然而，很多时候大家对这些问题并没有进行深入的思考，当把这些问题推给职能部门的时候，各利益相关方的那股热情和积极干劲儿很容易被泼了一桶冷水。

因此，小新认为，从运营角度去思考商业模式和行业的生态系统是可以纳入运营范围的，成为运营人员通过内容、培训等进行赋能，并且重构商业模式的使命。这些是 B 端高级运营人才需要拓展并且思考的。

6.9.1 竞争者分析与自我定位

与 C 端的竞品分析不同，B 端的竞争者分析更加需要我们对竞争者的定位、视角、策略进行分析。小新非常喜欢定位曲线分析法，这种分析法能够帮助我们认清竞争者与我们之间的不同。我们与竞争者之间的关系不仅是竞争关系，还可能转化为互利互惠的引流关系。在现代商业竞争环境中，企业之间的激烈角逐关系已经成为过去，互惠互利、差异化角逐成为未来竞争的主要手段。

某公务航空公司是公务机共享市场的创造者。它向客户（企业或者个人）提供飞机的十六分之一所有权，让其与另外 15 个客户共同拥有一架飞机。每个客户每年可以拥有 50 小时的飞行时间，最低只要花 375000 美元（外加飞机驾驶员费用、维修费用和其他费用），就可以共享一架价值 600 万美元的飞机。

在过去 20 多年中，这家公司的规模已经超过很多航空公司，拥有近 800 架飞机，在全球 140 多个国家运行 25 万条航线。

你可能会好奇，这家公司到底是如何给自己定位并发现这片蓝海市场的？其实，通过对竞争者的分析并且重塑自己的定位，你就能够找到适合自己的价值点并发掘出一片蓝海来。

定位曲线分析图（见图 6.6）通过对行业内的不同竞争者的价值点进行分析，从而区分各自的商业模式。我们能够看到，客户们乘坐企业自有飞机进行商务旅行需要企业自行采购价值 600 万美元的飞机并进行维护与保养，其成本居高不下。乘坐商业航空公司的头等舱或者商务舱又需要客户们走复杂的安检流程并且提前几小时去机场等候。客户们只不过想要一个快速、方便的商务旅行，而价格并不是最大的关注点。

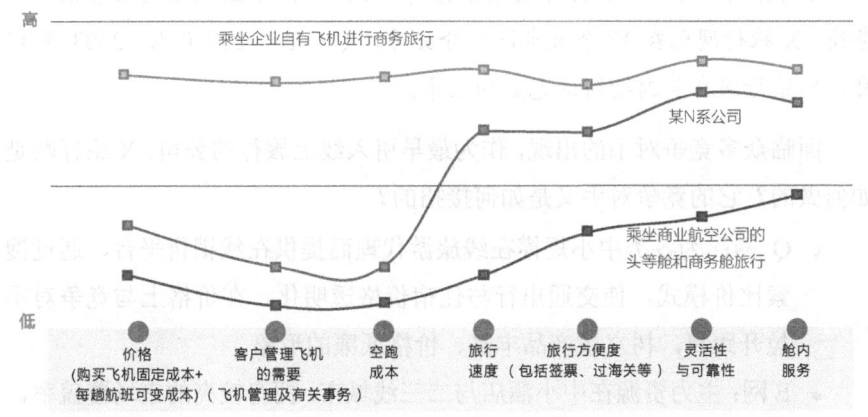

图 6.6　定位曲线分析图

我们通过对行业中提供服务或者进行某种行为的各方进行评分，罗列各个价值点,从而绘制出自身的定位曲线分析图。

这种方法不仅能够分析公司当下的情况,而且能够为公司的未来提供可能的走向与变革。在你列出价值点之后,你需要问自己一些问题。

- 这些价值点都是行业中的必要价值点吗?
- 什么价值点是我们看起来很重要,然而客户并不在乎的?
- 竞争者在哪些方面已经做到了极致?
- 如何打造一个全新的价值点?

上面这四个问题让你能够从运营的角度进行分析,并且从服务、定价机制、产品形态的角度反推产品,构建一个全新的商业模式。

6.9.2 企业生态系统运营

每个企业都有一个以自己为中心的生态系统。如何发现现有生态并构建生态系统,是接下来我们要讨论的事情。

我们通过 X 旅行网构建线上旅行共生体的案例,一同来分析企业生态系统需要如何构建与运营。

X 旅行网是一家在线票务服务公司,创立于 1999 年,总部设在中国上海。它拥有国内外六十余万家会员酒店可供预订,是中国领先的酒店预订服务商。X 旅行网已在 17 个城市设立分公司,员工超过 25000 人。2003 年 12 月,X 旅行网在美国纳斯达克成功上市。

面临众多竞争对手的出现,作为最早引入线上旅行的公司,X 旅行网是如何做的?它的竞争对手又是如何接招的?

- Q 网:为各类中小规模在线旅游代理商提供在线销售平台,通过搜索比价模式,使交通出行与住宿价格透明化,在价格上与竞争对手拉开距离,树立了产品丰富、价格低廉的形象。
- E 网:主力资源在中小酒店与二三线城市,拥有较高的市场覆盖率,全面向线上预订转移。
- A 网:主力资源在民宿而不在酒店,并且提供"社交性的旅游服务",增强了外来游客的旅行体验,使外来游客能够更好地了解本地人的生活与文化,这种体验是酒店服务所不具备的。
- X 旅行网:面对层出不穷的在线旅游竞争对手,通过移动端撰写、投资、战略合作等方式打造线上线下一站式旅游服务共生体,力求在主动推动共生体演进的同时,稳固自身的竞争优势。

如果运营人员只把眼光放在企业本身及竞争对手身上,那么其格局注定是很小的。X 旅行网通过对自身和竞争对手的思考与塑造,成功地通过投资、战略合作等方式塑造了行业共生体,将行业各方联合起来,构建了商业生态群(见图6.7)。

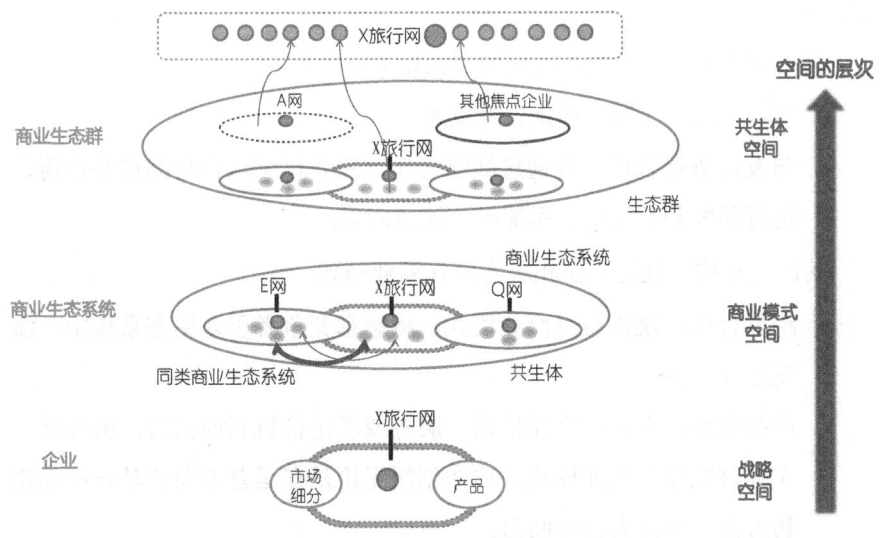

图 6.7　X 旅行网构建的商业生态群

那么,如何才能构建属于企业自身的生态系统呢?我们应从三种视角对生态系统进行思考(见图6.7)。
- 企业视角:通过市场细分与提供的产品去看待企业。这是从最基本也最狭隘的视角去看待生态系统,看到的是企业的战略空间。这种视角也是规避竞争对手、做差异化需要的视角。
- 商业生态系统视角:从这种视角看到的是企业所处的商业模式空间。很多企业习惯于现有行业的商业模式和思考方式,但是我们在图6.7

中发现，A网没有在商业生态系统这一层，因为它已经跳脱了现有的商业模式。这个视角能够帮助我们发现同类商业生态系统以及不同的各类从业者。

- 商业生态群视角：这种视角将本行业的整个链条上的利益相关方都拉入进来，形成一个大生态群。基于这个角度去思考，你能够跳脱出原有的商业模式，去思考更大的事情。

那么，了解企业自身的生态系统对运营团队又有什么用？

作为运营人员，在深入了解了企业的生态系统后，我们能够做的事情还有很多。

首先是赋能，帮助生态系统的利益相关方成长。

- 客户成功：为客户赋能，帮助客户成长。
- 与友商进行合作：可通过战略合作、差异化突出自身的核心价值，进行品牌利益互换、引流等，达成双赢。

其次是重构，通过利益相关方设计商业模式。

- 跨界合作：跳出自身商业模式，将恶意竞争者引入生态系统中，激发行业活力。
- 产品创新：有时候产品价值、服务或者定价机制的创新，就能够使企业跳脱原有商业模式。这些创新无论是在运营方面还是在产品销售方面，都能为企业助力。

再次是使能，让自己的企业成为生态系统中不可或缺的关键角色，做大整个生态系统。

- 行业生态大会：运营人员可以通过举办行业生态大会以及对行业的思考进行行业的集合，并且确定自己的企业在行业中的领导地位。
- 战略合作和投资：在生态系统中，运营人员要从不同的角度看待利益相关方。像X旅行网把利益相关方当成"自己人"一样，我们也需要用发展的眼光去看待行业内的利益相关方。

6.10　本章内容总结

我们一起来回顾一下第 6 章的主要内容。
- 客户经营
- B 端客户成长阶段及经营策略
- 客户成交期
- 新客期
- 持续期
- 价值挖掘期
- 忠实经营期
- 客户流失期
- 企业生态运营

至此，大家对 B 端客户经营有了比较详细的了解，希望大家把客户经营策略运用到实际工作中，在工作中实践、优化自己的运营逻辑和方法论。

第 7 章
B 端流程管理与维护

提到流程，你能够想到的是什么？C 端的小伙伴们可能第一时间想到的是自己的各种原型图逻辑，包括从吸引用户到用户转化的整个过程。那么，B 端的流程又包含着什么呢？

在本章中，小新会详细讲解 B 端流程的逻辑设计和流程管理。

7.1 流程管理的概念

7.1.1 流程

流程是为了达成某一目标而进行的一系列逻辑相关的活动。一般是指重复进行的活动接受各种投入要素，产生所期望的结果。

请注意，流程中的活动之间一定要逻辑相关。有些活动之间是感情相关，但在逻辑上不相关。比如，按照以往的惯例，业务人员在从事需求调研或者业务跟进的时候，需要产品人员或者研发人员的介入，久而久之业务人员就产生了惰性，在任何时候都去寻求产品人员或者研发人员的帮助。这就需要从流程上进行逻辑确认与设计，避免资源的浪费。

流程的重要特征是重复性、目标性和过程性。

7.1.2 流程管理

流程管理是对流程进行科学管理，是对流程进行描述、设计、运营和持续改进，以更好地达到流程的目的。

- 简单的流程管理包括界定流程的开始点和结束点、流程的输出结果、流程的活动次序和内容、流程的执行人等，通过流程图就可以进行简单的设计与输出。
- 复杂又完整的流程管理包括明确流程的客户和关键需求、流程的输出物和质量标准、流程的过程顺序、活动内容、执行人、工具、KPI、知识管理、流程的输入物和质量标准、流程的团队管理、知识管理、流程运作机制、流程绩效的管理和持续改进机制。

B端流程管理中运营人员的价值：

- 在服务客户的过程中，建立起一套标准化的流程，来处理服务过程中的各种问题。
- 使运营全流程规范化、标准化，促进跨部门流程团队的合作，提高效率，控制风险。

一般的管理者对日常例行活动有两种管理方式：放任式管理与流程式管理。表7.1列出了两种管理方式的对比结果。

表7.1 两种管理方式的对比结果

管理方式	管理行为	对比
放任式管理	让各级员工自己去管理	管理结果完全取决于操作者，公司业绩没有保障
流程式管理	设计好流程作业的方法、规则与管理要求，做好过程控制	把关键活动管理好，使公司业绩不受人的变化的影响，公司经营结果更加可控、有保障

如表7.1所示，放任式管理的管理结果完全取决于操作者，公司业绩是

没有保障的；而流程式管理能够弱化人的可变因素，使得公司经营结果更加可控、有保障。

7.2 流程管理的意义与本质

流程管理对运营体系和公司管理来说，有着重要的意义。

7.2.1 流程管理的意义

1．流程管理是营运效率的关键

公司的经营系统是建立在流程框架基础之上的，流程的设计质量低下会导致公司经营体系效率降低、成本提升、实际绩效低下。在现实工作中，很多公司的流程体系还没有成为管理者关注的焦点，很多公司还是习惯以职能为主的管理方式，即谁负责谁管理、谁有问题谁买单的管理方式。流程体系的建立大都是"问题导向"与"部门导向"并行。

- 问题导向：流程体系没有经过整体设计，当遇到问题时再想对策，当问题重复时再定规则。这样的管理方式更随机、不成系统，管理的结果有较大的不可控性。
- 部门导向：流程的设计需要每个部门的负责人从本部门职责范围的角度去设计各个子体系，包括采购、研发、市场、线上/线下销售等子体系。各个子体系之间缺乏整体考虑与有效衔接，存在大量重复、空白，甚至相互冲突的流程。而且有些部门只能回答"本部门存在哪些流程"，不能清楚回答"本部门应该有哪些流程"。

2．流程管理是发挥职能的利器

流程管理是帮助组织中各部门发挥职能的重要手段。职能是能力导向，流程是协同导向，两者互补。好的流程管理能够使职能部门发挥作用，协同其他部门共同完成组织目标。从纵向来看，职能部门可以通过流程管理降低工作沟通的复杂度，提升各部门、各岗位的专业能力；从横向来看，职能部门可以用流程打通与优化各部门、各岗位之间的合作，降低跨部门合作的难度。

7.2.2 流程管理的本质

每个流程的设计都有其目的，只有抓住了流程的本质，流程的设计才有灵魂，才能知道流程所要达成的目标与需要配合的资源。

流程管理的本质在于对客户价值与公司价值的分析。

- 对客户价值的分析表现为了解客户的需求并且对客户需求进行分析。
- 对公司价值的分析表现为了解公司的战略与愿景、战术与经营目标等。

比如，从公司内部看，合同评审流程的目的主要表现为追求利润、规避风险；从公司外部看，其目的是保证客户满意度，在利润、风险、履约能力三方面进行平衡。

流程管理也是需要抓重点的，在流程设计中，大家需要尽可能地关注事件的关键点，输出与关键指标相关的流程节点。其实流程管理和项目管理类似，不是所有的流程都需要管理，抓住关键点才是流程管理的本质。

7.3 流程管理全过程

流程管理工作主要围绕 B 端客户决策路径中的市场级运营、销售级运营、产品级运营定义其流程管理服务。

客户决策路径就是对 B 端产品在推进市场化进程中的售前、售中、售后阶段进行的标准化管理过程。

那么，运营人员需要做哪些标准化管理的工作呢？

- 整体：销售运营全貌。

- 售前重点：案例管理、招投标流程管理、技术规范管理等。
- 售中重点：签约流程管理、采购流程管理、结算流程管理。
- 售后重点：客服流程管理、培训流程管理。

7.3.1　销售运营全貌

运营人员需要关注的是销售运营的整体，对售前、售中、售后阶段的运营进行全面的流程管理。

1. **售前运营**

- 规划解决方案：售前需发掘行业诉求、问题和痛点，整理行业解决方案和最佳实践，进行解决方案的规划、设计。
- 技术交流：协助销售人员同目标客户进行技术交流，讲解公司现有的解决方案和案例，并在交流中了解客户的需求。
- 编制解决方案：基于客户需求编写解决方案。
- 方案讲解：负责为客户演示、讲解方案，收集反馈问题并引导客户认同技术方案。
- 编写技术文档：如果方案被客户接纳，在投标之前，还有很多环节需要提供技术文档。技术文档包括技术规范书、调研材料、工作量评估材料等。
- 投标支撑：协助销售人员完成投标工作，主要负责技术分册、商务分册的编制，并到投标现场进行述标、答辩等工作。

2. **售中运营**

- 需求调研：在项目签单后，首先要进行需求调研、分析并编制顶层设计、需求规格说明书，并对需求进行管理。
- 需求交底：负责项目从售前到售中的需求交底，协助交付团队做好需求确认工作，提供与项目实施相关的文档资料并做好知识转移工作。
- 配合交付：配合交付经理完成整体项目的交付。由于售前运营人员擅长编写材料，所以经常要帮助交付经理或客户编写工作汇报、工作总结、技术创新材料等。

3. 售后运营

- 售后服务：如产品技术培训、材料支撑工作等。
- 需求收集：在售后阶段，需要收集用户新的需求。当需求较多时，可以争取让客户再立一期项目。

接下来让我们看一家来自深圳的从事水污染治理的企业进行销售运营流程化的案例。

深圳某生态科技有限公司专注于水污染治理，依托具有显著优势的河湖生态治理技术，该公司积极拓展业务链条，已经在垃圾渗透液处理、油田污水处理、隧道施工泥浆处理等方面取得了技术突破。公司还启动了技术装备化，将先进的技术应用于村镇生活污水处理和城市生活污水处理，开发了一体化村镇生活污水处理设备、分散式点源污染处理设备、高效快速生化处理设备等。

针对销售运营管理杂乱的问题，公司的中台运营经理主动承担流程管理的工作，将销售流程全部实现了线上标准化。

售前运营期：通过客户线上提交的污水处理诉求，快速定义客户问题和痛点类型，并为客户在线匹配现有解决方案和案例，在交流中了解客户的个性需求。同时开始成立筹备小组，组织销售人员及市场经理制定标书，在线上完成投标前的准备工作。

售中运营期：针对政企类客户反馈周期长等特点，中台运营经理使用线上需求调研模板分析并匹配设计方案，对客户需求进行记录与管理。

售后运营期：在线下污水治理周期结束后，中台运营经理会为客户做有效的复盘分析，并对客户持续推出水治理小课堂及水源养护知识体系专栏，得到客户的一致好评。

该公司的中台运营经理将所有销售流程标准化、规范化、线上化，大大提升了内部人员处理问题的效率，也提高了客户响应速度，树立了行业服务口碑。

7.3.2 签约流程管理

B端业务通常复杂度较高，合同涉及的条款非常复杂，因此，一旦客户转化并且拟签合同，我们就要对整个签约流程进行系统化的管理。

当然，每个公司都有自己的签约流程，有些公司可能由业务部门进行审核，有些公司可能由法务部门进行审核，最后都需要上级复审或者综合评审，再行签字。

小新接下来介绍的是一个比较全面的合同签约流程。在实际操作过程中，你可以根据你所在的行业进行流程设计与调整。

合同的重要性无须多言，签字即生效，以后按章办事，合同就具备了约束力。因此，一份好的合同，必须是既给自己公司预留一定的活动空间又要保证客户利益的合同。合同的条款能否履行，关乎公司的信誉与口碑，是非常重要的。因此，合同的内容必须是双方都认可的公平、正当、互利互惠的内容，权利与义务对等，程序与过程合规。

对公司来说，合同行为分为合同前行为、合同中行为和合同后行为。

- 合同前行为：是指在签订合同之前应当做的工作，防患于未然。
- 合同中行为：是指从合同签订后至履行完成之间的行为。
- 合同后行为：是指合同履行结束后的评价和管理行为，有些时候涉及合同纠纷解决、支付赔偿或者接受赔偿、判决执行等行为。

其中，需要特别关注的是合同前行为，这是评估合同风险、确认公司是否具备履行合同的能力并且规避风险的重要步骤。谨慎的公司会非常重视合同前行为，因为这是防范风险的重要一环。在签订合同之前，一些公司在风险评估流程中就可能将某些公司列入信任黑名单，避免新业务被拖入合同陷阱中，造成不必要的损失。通过审查签约方的资信调查报告来评估对方的信誉与履行合同的能力，通过审查合同内容来评估交易方式、风险、责任、利益，初步判定合同的可行性，综合评估合同。

一般情况下，公司内部在业务立项通过后，才能往下一步进行。

1．业务洽谈

一般性的业务由业务部门出面洽谈，部门经理要参与合同谈判。

重大、复杂和招投标的业务可以由业务、法务、技术、财务等部门组成合同谈判小组或者投标小组，由分管业务的副总经理带队管理并对项目负责。

2．合同文本

业务人员根据业务洽谈内容整理合同要点，起草合同；或者将合同要点提供给法务部门，由法务部门起草合同。

值得注意的是，合同范本有三种情况：

- 如果公司有相应的合同范本，业务人员应当将谈判情况和该笔业务的具体情况与合同范本对照，以检查合同范本在该笔业务中的适用性。
- 业务人员不能未经比对、检查就直接使用合同范本，以免出现合同不对版的尴尬场景，这样的错误非常低级，并且十分不专业。
- 如果是对方提供合同文本，要认真阅读和研究，整理出核心内容。对于不明白或者与谈判内容不一致的地方，要与客户沟通交流，询问合同条款的具体含义并进行注释。

3．填写《合同评审表》

业务人员要认真填写《合同评审表》，将合同签订的目的、背景、主要内容做简明、扼要的描述。

如果对合同内容存在不明白、不理解的事项，应当特别说明，要求在合同评审时给出具体解决办法。填表人员要签名并标注日期。

4．部门经理核准

业务人员在起草合同或者取得对方的合同文本后，将合同的纸制文本粘贴在《合同评审表》后面，一并提交给本部门经理签署意见。部门经理签署意见、名字和日期。

部门经理核准是对本部门的合同和业务把关，也是下一个程序的开始。

在实践中，经常存在一个普通职员将合同提交评审的情况。我们认为这在程序上不够合理，该合同所涉及的业务是否经过部门同意，是否存在业务员本人想启动合同程序但部门经理还不知道等情形。为避免此类情况的发生，部门经理必须在《合同评审表》上签署意见。

5. 合同评审

一份合同可能涉及技术、财务、法律等多方面的内容。除了业务部门，只有一个部门参加评审是不全面的。合同内容涉及的部门原则上都应当参加合同评审。

- 技术部门评审：产品销售合同、网络服务合同、知识产权合同、财务软件许可使用合同等，涉及的技术性内容很多，要求相关技术部门参加合同评审。
- 财务部门评审：合同约定的付款方式、时间、税负、发票等内容影响双方的利益，包括对方向我方付款或者我方向对方付款。比如，对方向我方付款是以银行承兑汇票的方式，那么我方收到款项的时间就很晚，从而导致可用资金量不足，财务成本增加。
- 法务部门评审：法务部门对合同的格式、主体、权利和义务的公平性、合同的效力、合同的法律风险、违约、生效等内容从法律的角度进行评审。
- 其他部门评审：如果合同内容的履行还涉及其他部门，那么相关部门应当参加评审。在必要时，可以召开由相关部门参加的专项合同讨论会对合同进行综合评审。参加合同评审的其他部门对合同交易条款约定的交易方式一般没有审查义务，交易方式应当由业务部门掌握。如果其他部门在评审中发现交易条款存在问题，应当提出评审意见或者建议。其他部门评审只对本部门职权范围内的事项负责，在评审时如果发现非本部门评审范围内的、可能存在问题的事项，应当做出标注提醒注意。参加评审的人员应当出具具体的评审意见、签名和日期。

6. 汇报和意见反馈

业务人员在综合相关部门的评审意见后调整合同内容，然后向分管副总汇报。分管副总同意后，将调整后的合同文本交给对方，与对方进行协商和交流，听取对方的意见。

如果双方对调整的内容分歧较大，则需要进一步协商。如果协商后达成的一致意见需要再次评审，应当提交相关部门评审，附带说明与对方交流的具体情况。

如果这种情形出现反复，业务人员和评审人员均不得因此放松评审。

7. 分管副总审查意见

在提交分管副总审查时，要注意说明合同发生变化的内容，提请领导注意。在实践中，当合同出现变更的时候，需要提交一份变更内容说明，说明变更内容与具体页码，这样能够提高审核效率。

分管副总签署具体意见、姓名和日期。

8. 总经理意见

在分管副总签署意见后交公司总经理批准。分管副总未签署同意意见的，不得提交总经理审批。

9. 签字盖章

在公司总经理签署同意意见后，按照合同约定的生效条件，由公司总经理或者授权代理人、经办人员签名，连同《合同评审表》一并送交公章或者合同专用章管理部门盖章。一定要特别注意合同约定的生效条件，包括盖章生效、签字生效、签字并盖章生效，这三者是不同的。特别注意对方签字盖章是否符合合同约定。公司对盖章有特别规定的，按照规定执行。

合同一般要求加盖骑缝章。

10. 合同文本交换

合同文本的交换包括下列几种方式：

- 一是双方现场签订，当场交换合同文本。通常与活动运营一同进行，合同签订的过程就是一次内容运营或者活动运营的引爆点。可以邀请媒体参加并在签约仪式后举办发布会或者访谈等。
- 二是通过传真交换合同文本。传真件为复印件，公章为黑章。如果双方在合同中明确约定以传真方式交换合同文本，那么在法律上合同被认为是有效的。
- 三是通过邮箱交换合同文本的扫描件。双方如果同意用这种方式交换合同文本，要在合同中约定同意使用这种方式，同时约定双方传递合同文本的邮箱。

11．合同存档

在合同签订后，业务部门应当将《合同评审表》、合同评审文本、合同正式文本的原件交档案部门存档。业务部门和财务部门可以留存合同副本或者复印件。

7.3.3 采购流程管理

ToB产品相较于ToC产品而言，采购周期长，涉及金额大，参与的部门和人员众多。

很多时候，我们往往搞不清楚客户的内部流程和部门关系，只能一味地按照客户的要求响应客户，让拜访谁就拜访谁，让写方案就写方案，十分被动。

处于被动状态的我们对项目采购进展的把控感到无力，感觉客户都是率性而为，根本没有什么采购流程。

1．从招标文件看采购流程

其实，只要分析一下招标项目的出台过程，大家就明白了。我们通过发现问题、解决问题的方式来分析这个过程。大多数销售级运营经理都参与过或听说过信息化项目招投标，知道招标文件中的商务/技术参数最为重要。那么，问题来了。

- 大家知道这些商务/技术参数是从哪里来的吗？是来自一款需要定

制开发的产品，还是一款市场上已有的成熟产品？

稍作思考，大家就会明白，这些商务/技术参数来自市场上已有的成熟产品。

- 客户对项目中使用的这些产品并不一定都了解，他们是如何知道这些产品和参数的？

答案是某个或者某几个供应商为客户提供了解决方案，解决方案中包括了这些产品和参数。

- 客户为什么会有这方面的需求？

因为客户的管理、业务或者生产过程中的外部环境发生了某些变化，导致原有的管理、业务或生产模式无法适应或者满足新的变化。

现在我们应该明白了，当客户内部原有的业务、管理模式无法正常进行时，客户就会主动寻找解决方案。一旦解决方案经过评估确认没有风险后，客户就会启动招标采购流程（金额小的项目会直接购买），根据公开、公平、公正和诚实信用的原则，择优选择供应商。

2. **客户采购流程**

我们现在梳理一下客户采购流程。

- 第一步，客户采购的起点是其商业环境发生变化。比如，国家或行业的政策调整、市场竞争、组织架构调整、业务和生产转型等。
- 第二步，该变化通常由具体责任部门第一时间识别，并向上级决策者提出建议，由决策者评估是否解决，以及在多大范围内解决。
- 第三步，决策者指派相关技术部门（方案把关部门）负责寻找适合的解决方案。
- 第四步，技术部门通常会选择多个供应商的解决方案，多角度评估对比，并将评估结果形成报告提交上级决策者，由上级决策者做出最终购买决策。
- 第五步，相关采购部门在接到任务后，通过商务谈判或招投标确定最终供应商，签订合同。
- 第六步，在合同签订后，进入售中项目实施环节。在验收付款后，产品交由需求提出部门使用，转入售后维护阶段。

客户都有自己的采购流程，运营人员只需按相关流程梳理每个阶段的材料，并将其标准化即可。相信大家可以找出清晰的脉络。

7.3.4 结算流程管理

结算类工作通常由公司财务部门负责，但我们为客户提供的产品或服务一旦涉及结算项，运营人员就需要协助财务部门进行对内、对外的结算流程管理。具体工作可概括为以下几个方面。

1．销售合同建立

- 建立客户档案，做好客户的资信调查，为信用评价提供完整、科学的依据。主要调查客户的品质、能力、资产、持续经营等要素，并进行综合信用等级评价。
- 按规定流程办理合同审批，财务部门经理对合同约定的结算金额、结算方式、收款和开票约定、违约责任等条款要认真审核，严格把关。

2．应收款项管理

- 财务部门审核合同、发货单及做销售台账报表。
- 财务部门审核无误后开发票，确认销售收入和应收账款，做凭证记账。
- 客户付款，财务部门收到付款入账，冲减应收账款并更新记录。
- 财务部门组织业务部门每月与外部单位或个人对账。

3．账龄分析

财务部门编制应收账款明细、账龄报表。

4．催收欠款

财务部门检查客户是否按合同规定按时付款，如果逾期，转销售部门催收账款并控制后续发货速度等。

5. 完成结算

结算完成后的账务处理。

接下来让我们一同来看一则保理系统全流程管理解决方案的案例。

在金融体系中，对商业保理业务的准入、审核、审批、风险控制、额度、结算等进行管理一直是行业遇到的主要难题。早期大部分流程均是通过人工核查、审批的方式尽量降低公司的坏账率的。

深圳某商业保理有限公司基于自身需求的定义，自主研发了 E 保理系统、资产证券化业务支撑系统，实现了保理业务操作电子化，提高了业务效率。对供应商、核心企业资料进行全方位的管理，可以对供应商、核心企业进行多维度授信，提高业务办理效率，降低公司坏账率。还有完善的贷后设计，包括监管、展期处理、提前还款、到期结算、贷款回购、不良贷款处理、逾期催收等，在涵盖全方位的保理业务场景的同时，还有效解决了保理业务结算全流程管理中的问题。

在两个系统上线后，线上服务全流程管理效率提升 5 倍以上，人员办公成本降低 80%。这两个流程管理系统具有的特点如下。

- 高效性：实现核心企业及项目公司信息建档，单笔业务资料快速上传审核，自动归集。
- 自动性：实时自动生成业务台账，便于查看业务进度，在到期前自动提示付款。
- 可扩展性：可对接核心企业系统、客户系统、中登网等外部合作系统，实现数据实时传送对接。

很多时候，企业内部都会有成熟的财务审核制度以及应收应付款的具体流程，运营人员可以关注几个节点，参与结算流程管理，成为该类流程的知情人员。在出现异常情况时，积极参与双方的沟通，这样能够在很大程度上节省运营人员的时间。

7.3.5 客服流程管理

客户服务作为产品的辅助手段，能够实现产品的快速落地、价值转化。

客户服务的主要目的是提升客户对产品的满意度。对于 SaaS 型产品，客户服务还关系着产品的续费率。

通常 B 端产品的获客成本会非常高，所以在客户服务的过程中，非常重要的一个环节就是维护企业与大客户和老客户之间的关系。如何服务大客户和老客户是需要我们仔细研究的。

1. 客服流程管理的关键指标

客服流程管理的目标有两个。一个是提升客户满意度，表现为及时地响应和解决客户问题，关注 MTTA（Mean Time To Assistant，客服响应速度）和 MTTR（Mean Time To Repair，客服解答客户疑问的速度）。另一个是提升团队作战效率，具体体现为让程序、策划更专注于产品本身。

不同的阶段有不同的推进方式，针对客服流程管理的目标，小新在这里推荐几个关键指标。

1）升级率

评估客服人员胜任的能力，指客服人员无法自行解答流转到程序、策划的比例。

2）工单数

用于间接评估系统客服人员的工作量的指标，但是只做参考，并非核心指标。我们更关注客服角色的引入给团队作战效率提升带来的影响。

3）产品迭代优化工单数

从根源上避免同源咨询量产生的方法，也是评估引入客服角色产生的价值的关键指标。

4）漏洞量

并不是所有的客户问题都能通过咨询得到解决。这个指标主要是用于评估升级率波动的参考指标。90%以上的漏洞是当前版本存在的缺陷或者产品升级时出现的问题，如本月升级率较上月有所提升，同期漏洞量也有所上升，则说明升级率变高是预期的，而非客服人员能力不行导致的。

5）每月新增知识库数

知识库的积累是提升团队作战效率的关键"武器"。一来促进了知识传承，二来为机器人自动问答的流程做准备，别忘了我们的根本目标是提升MTTA和MTTR。

6）知识库覆盖率

这个指标用于评估是否适合开展机器人自动问答咨询流程（机器人→人工客服→升级到策划或者程序）。

- 知识库覆盖率＝本月新增知识库数/工单总数（仅仅针对咨询类的，不包括漏洞和需求类的）。
- 只有当知识库覆盖率达到70%以上时，推行此流程才能既提升MTTA，也不会影响用户满意度。
- 为什么是70%？因为目前业界机器人最高能自动解决35%的咨询量，所以70%是一个根据实践而得出的保守数字。

7）机器人自行解决率

该指标为成熟阶段关注的价值指标，用于提升MTTA和MTTR。

8）每月问题分类Top5

对Top5进行原因分析，是总结产品优化改进点的数据来源。

9）知识库热点和解决率

此指标的作用只是方便业务方查看知识库的价值，不是产品方的关键指标。

10）客服响应速度（MTTA）

这是后期需要关注的指标，进入成熟阶段后需要重点关注。

11）客服解达客户疑问的速度（MTTR）

这是后期需要关注的指标，进入成熟阶段后需要重点关注。

2. 异议处理

在现实中，销售的成交并不是每次都能顺利进行，运营部门一定会面对客户模棱两可的态度。此时如果你的客服人员不善于处理异议，那么就有可能错过一些好机会。

通常，客服人员在与客户进行线上交流的过程中，会遇到五个基本障碍：没需求、没预算、没紧迫性、没意愿、没信任。除了这些障碍，还有下面这些困难：

- 太贵了。
- 现在不需要这个产品。
- 我们已经在用类似的产品了。
- 我们现在有点儿忙，能否在几个月后再联系。

潜在客户在购买新产品时，总会犹豫不决且有异议。他们的想法其实是有道理的，但是这并不意味着你一定会失去这单生意。

所以，预测和管理潜在客户的意见和异议，并加以提炼，是运营人员需要具备的能力之一。这种克服反对意见和安抚顾虑情绪的能力被称为"异议处理"。

下面将讨论客服人员在销售过程中可能面临的几类异议处理，以及运营人员可以使用的处理技巧和话术。

1）关于"需要"的异议处理

比如，我不感兴趣、我们目前不需要、我不知道你的产品对我的公司有什么帮助等。

当一个不错的潜在客户突然改变了主意，说他不需要你的产品时，大多数客服人员都会犯一个错误，那就是立马放弃交易并继续寻找下一个客户。

其实客服人员可以通过提一些问题来挖掘潜在客户更深层次的问题，这样才能发现真正的问题是什么。

- 潜在客户是否真的对目前的工作方式感到满意？
- 潜在客户对采用一个新产品是否有顾虑？
- 这是惯性思维还是厌恶损失？

> 如果是惯性思维，那么他们可能忽略了他们的业务所面临的问题或机会。**此时的诀窍就是不要去尝试销售你的产品，而是要确保他们真正了解这个问题或机会，以及其对他们业务的影响**。只有当你过了这个桥时，你才能把你的产品定位为客户的解决方案。

> 如果是厌恶损失，那么对改变的恐惧会让你的潜在客户感到麻痹，在使用你的产品时产生戒心。对使用新的东西感到恐惧是很自然的心理现象，**你需要通过消除潜在客户的所有顾虑来减轻他们的恐惧**。专注于降低使用门槛，可以采用免费试用样品和其他低风险的参与模式，让他们在购买前就开始尝试。

2）关于"钱"的异议处理

常见的客户回复如下：

- 你的产品太贵了。
- 我们现在没有预算或预算不足。
- 如果你能给全行业最低价，我就买！

在所有业务中，销售代表经常遇到的异议就是客户说"太贵了"。

你可以多问一些限定性的问题，了解真正的问题是什么，然后再清楚地展示投资回报率。

- 潜在客户是否对投资你的产品犹豫不决？
- 潜在客户的预算是否真的很紧张？
- 还是潜在客户在寻找折扣？

你的潜在客户不愿意买你的产品，可能是因为他们还不相信产品的价值。你需要了解根本原因，然后说明你的产品可以给他们带来的好处。通过解释你的产品能够带来的投资回报来证明你的定价是合理的，并让他们意识到这是一个不错的投资项目。

此外，潜在客户还会使用"太过昂贵"的套路来讨价还价。

无论是哪种方式，重要的是要认识到缺乏预算不应该成为终止交易的因素。或许你需要一个更灵活或更有创意的定价方案。

3）关于"时间"的异议处理

- 我很忙，没时间和你交流。
- 我们现在很忙，晚一点儿再沟通吧。
- 我们公司需要很长的时间考虑，所以再说吧。

潜在客户其实跟你一样都在忙于工作。他们当时有自己的事情要处理，而你的产品或服务所能解决的问题可能不在他们的优先级列表中。

那么，应该怎么做才能把你的产品或服务所能解决的问题变成他们的优先级列表中的一个呢？

阐明他们可能面临的问题，让他们意识到这是一个优先事项。这样你就有机会给他们灌输一种紧迫感，让他们寻找解决方案。然后向他们展示你的产品是如何解决这个问题的——这是一种经典的销售运营手法。

在处理这类异议时，你应该考虑到潜在客户的目标和优先级列表，并将你的产品或服务所能解决的问题转变为他们的优先代办事项。

4）关于"信任"的异议处理

- 我从没听说过你们公司的产品。
- 我之前听说你们这款产品不太好。
- 试用了你们的产品，但感觉体验很差。
- 对于同业客户的差评，你们怎么解释？

潜在客户通常会对你或你的产品产生疑虑，如果你的产品比较新，那就更要注意了。

不要把这个问题当作个人的问题，这是每个运营人员及销售代表都会遇到的。你需要做的就是建立一种稳固的关系，提供有价值的信息，真正帮助你的潜在客户。

潜在客户之所以会出现信任问题，主要有下面两个原因：

- 他们可能没有听说过你的产品（ToB市场上的竞品非常多）。
- 他们可能看过或听说过一些关于你的产品的负面信息。

如果你是市场上的新手，那么就花点儿时间解释一下你的产品和作用。通过提供有用的文章、案例研究、与你的公司相关的成功案例来建立信誉，赢得潜在客户的信任。

对任何运营人员来说，负面评论或道听途说的反对意见看起来都是一个巨大的障碍，但总有办法克服。

当面对这样的反对意见时，首先要做的就是听完他们的意见，不要打断他们来为自己的产品辩护，这样只会让事情变得更糟。听取他们的意见，并花些时间去探讨问题是什么。在了解了他们的主要问题后，你需要解释一下公司所采取的整改措施。

5）关于"产品"的异议处理

- 你们公司的产品实在太复杂了。
- 我想要符合我公司要求的功能，你们没有。
- 如果你们能承诺帮我增加我想要的功能，对接我公司内部七个系统，我们就会考虑购买。

基于你的产品的异议是相当直接的。在大多数情况下，要么潜在客户不了解你的产品，要么他们需要从你的产品中得到更多的东西。

如果一个潜在客户觉得很难理解你的产品，请先不要放弃他。

每次剥一层洋葱，这就是你的策略。从你的产品能为潜在客户解决头号问题开始，展示你的产品如何改善他们的现状，这样你才能谈论其他的问题。

当一个潜在客户需要一个你的产品不具备的功能时，不要感到惊讶。这在今天 ToB 行业中是经常出现的事情。对于这些功能需求，重要的是要了解这些需求是真正的"好需求"还是"无理需求"。

在通常情况下，大多数的功能需求都属于"好需求"，但你仍需要进行判定。

- 少数派需求：有可能使用现有的变通方案来帮助你的客户实现目标。
- 多数派需求：推动产品进行迭代更新。
- 无理需求：软化沟通，深入了解，迂回战术。

学会倾听客户的内在需求，并且进行一段时间的积累和整理，说不定它们会成为你下一代产品的雏形。

6）关于"竞品"的异议处理

- 我的公司已经在使用 X 家的产品了。
- 你的产品和 X 家的产品到底有什么差异呢？
- 我们觉得 X 家的产品更好用。
- X 家的解决方案比你们更便宜。

市场上充斥着成千上万的产品，其中肯定有你的竞争对手的产品。所以请记住，你不一定是第一个接触到潜在客户的人。

如果潜在客户已经在使用竞争对手的产品怎么办？如果他们对自己使用的产品很满意怎么办？你不要立即挥手告别，断绝一切联系。相反地，你要了解他们在使用时遇到了什么困难。每一款产品都会涉及一系列的取舍，你的潜在客户很有可能正在考虑替换某些产品。

了解潜在客户与竞争对手的关系，并评估你需要付出什么代价才能成为他们的供应商。有时即使他们对竞争对手很满意，你还是有机会的。

需要注意的是，切记不要贬低你的竞争对手。运营人员可以适当指出竞品的不足，但如果诋毁竞品，最终会损害你和你的品牌的声誉。

当面对反对意见的时候，我们会感到心灰意冷，尤其对经验不足的人来说更是如此。那么我们要如何对待这些异议？

- 我们应该把反对意见当作客户的进一步需求。
- 反对意见的本质是潜在客户要求提供更多信息的另一种表达，即提供更多关于你的产品的信息和他们可以获得什么好处的信息。
- 把异议看作一个让潜在客户更多地了解你的产品的机会。

积极地看待这些异议，学会倾听潜在客户背后的声音，了解在这些异议背后潜在客户所表达的情绪以及他们真实的需求，并将这些需求转化为内在动力。

7.3.6 培训流程管理

在客户服务后期做好产品培训，也是运营人员的工作职责之一。

初期培训可先在小范围内试点，由客户筛选或推荐人员参加。

后期可对客户进行分组，选择各组负责人（种子选手）进行培训，务必教会这部分客户，再由他们教会组内其他人。

为客户输出的标准化培训文档有以下几类：

- 产品手册（产品更新历史可追踪）
- 录制的培训课程
- FAQ（需要持续迭代）
- 知识平台社区

培训的整个流程制定可以从培训前、培训中和培训后三个阶段考虑，培训的目的是让内部员工、外部客户更加了解、熟悉产品。

1. 培训前

- 产品经理发布新品并上传销售支持工具，通知商务拓展人员、运营人员查看并反馈意见。
- 在商务拓展人员、运营人员、产品经理对新品验收达成一致后，确认培训相关事宜。
- 安排培训相关事宜（时间、地点、参训人）。

2. 培训中

- 收集培训材料并发出邀请。
- 展开培训，并反馈意见。

3. 培训后

- 整理培训成果。
- 向参训人调研培训满意度。
- 将培训满意度、建议收录进培训排行榜中。

7.4 本章内容总结

流程管理有着非常多的细节，你可以通过绘制流程图来深入理解这些流程。

本章的主要内容如下：
- 流程管理的概念
- 流程管理的意义与本质
- 流程管理全过程

如果你绘制好了流程图，欢迎你关注小新的微信公众号，与小新交流流程管理的相关内容。

第 8 章
B 端数据分析

在本章中，小新会带你了解各种关于数据的用法，了解了数据的意义，以便更好地为运营服务。

鉴于本书的部分受众对数据分析不甚了解，因此，小新还是由浅入深，从框架到系统地进行讲解。

8.1 数据分析概述

说到数据，可能一部分人对数据的理解还停留在要么非常简单，要么极度复杂的两极分化中。

认为简单的，觉得数据分析就是看看 Excel 表格或者软件上的趋势图；认为复杂的，觉得数据分析需要建模、需要规模庞大的数据。

接下来，小新就带领大家一点点地分析不同行业对数据分析的需求以及具体做法。

8.1.1　数据分析的定义

我们来定义一下数据分析。

抽象的定义：用适当的统计分析方法将收集来的大量数据进行分析并加以汇总、理解、消化，以求最大化地开发数据的功能，发挥数据的作用。也可以这样说，数据分析是为了提取有用信息和形成结论对数据加以详细研究和概括总结的过程。

形象的定义：借助数据来指导决策，而不是靠拍脑袋。

部分传统行业中关于 B 端产品的决策过多依赖于领导人的眼光和洞察力，而数据分析要做的事，就是把这些眼光和洞察力转化为人人可读的数字。

8.1.2　数据分析的意义

企业通过数据分析可以满足以下需求：

- 以较低的成本获取高质量的客户。
- 快速判断线索跟进优先级，有效提升销售线索转化率。
- 诊断易流失客群和高价值客群，实现客户全生命周期支持与管理。
- 根据数据提供优质的客户服务，增强客户黏性，保障客户续约率。
- 对于产品的客户方，可提供 B 端客户自有业务运营情况的相关数据。

数据不仅是用来看的，它还有下面三种颇具意义的用法。

1. 解决流量难题，降低获客成本

建立渠道监控看板，区分不同渠道的投放效果，追踪各个渠道客户的转化情况，甄别优质渠道和劣质渠道，精细化追踪，提高渠道的投资回报率。

2. 优化产品的活跃度与留存率

通过监控、分析产品功能的使用情况，优化关键产品的活跃度、任务成功率和留存率，实现产品价值，促进从未成单客户到付费客户的转化，优化已成单客户的使用体验。

3. 提升客户的活跃度和续约率

了解客户使用产品的情况，通过对核心功能页面浏览量、消耗指标、点击/浏览转化率以及互动趋势等指标的监控，建立流失预防模型，及时发现存在流失风险的客户，及时沟通，解决客户问题。

8.2 数据分析框架

既然数据分析如此重要，那么如何对数据，尤其是海量的数据进行分析呢？

数据分析框架主要包括**明确分析目标**、**数据收集**、**数据清理**、**数据分析**、**数据报告**、执行与反馈六方面。

1. 明确分析目标

区别于数据挖掘的找关联、分类、聚类，数据分析更倾向于解决现实中的问题。你想解决什么问题？这次分析能让你做出什么决策？比如，是否针对某个地区的企业举办一场活动，是否把我们的优惠补贴再增加1万元等。因此，数据分析的目的性极强。

2. 数据收集

数据分析区别于数据挖掘的第一点就是数据来源。用于数据分析的数据可能来源于各种渠道，包括数据库、信息采集表、走访等。只要是和分析目标相关的数据，都可以收集。而数据挖掘则偏向于数据库数据的读取。

3. 数据清理

大部分数据可通过从后端数据库调取的方式直接获得，但部分用于数据分析的数据可能是从别人的分析报告里找到的数据。从百度上搜索数据，这些数据的格式、字段都不统一，你需要根据你的目的进行归类、整合。

4. 数据分析

数据分析是全流程最重要的阶段。此时最重要的事情是时刻想着你的目标。比如，你的目标是了解某个时间段的交易状况，你要根据这个目标做同比、环比等。

5．数据报告

出具数据报告就是阐述你的结果。不建议大家列出一堆谁都看不懂的公式以证明你的专业性。这里需要你用最通俗易懂的语言告诉领导及同事：做这个活动有 80%的概率能够使广东地区的企业试用我们的产品；将优惠补贴再增加 1 万元后，预计会有 35%的企业购买。

6．执行与反馈

在运营执行期间，需要用数据监测是否达到既定目标。如果达到了，关键因素是什么？如果没达到，问题出在哪里？

在初步了解数据分析的框架之后，我们一起来看看对 B 端产品做数据分析究竟应该如何执行。

8.3　B 端产品数据分析

了解了上述内容，有些小伙伴可能会说：我知道数据分析很重要，也经常看到某些 App 发布的数据分析报告，但是好像这些数据分析报告大多都是 C 端的，B 端的数据分析报告很少见，即使有，也是金融圈的行业研究报告。

8.3.1　C 端与 B 端产品数据分析的异同

从实际工作中我们发现，C 端产品运营可参考的数据分析维度非常多。

- 在内容运营方面，可以将内容曝光、内容转化、停留时长、内容分享等角度的数据作为切入点进行分析。
- 在活动运营方面，可以从活动宣传曝光、活动参与人数、实际效果、成本和产出等数据维度进行总结。

- 在用户运营方面，可以从新老用户量、用户流失率、付费率、用户分层及成长体系等数据维度进行拆解。

行业中关于 C 端数据运营的资料非常多，但关于 B 端数据运营的资料很少。

- 一方面，B 端产品大多是对企业"内"的运营，行业属性差异非常大。
- 另一方面，针对数据运营，不同 B 端产品的侧重点不太一样。比如，一些工具型产品侧重从产品质量数据方面做数据运营，SaaS 型产品可能会从客户分层角度做数据运营，金融行业的服务型产品可能会从拉新和商业化角度做数据运营。

在本质上，C 端产品和 B 端产品在数据运营上的分析角度大体是一样的。

- 首先是解决增量问题、对客户分层。针对客户销售行为、订单、续费情况等设置分层精细化运营体系，拆解收入来源至不同层级，并制订收入增长计划。
- 其次是解决存量问题。针对平台存量客户构建数据分析体系模型，解决客户激活、应用、留存、推荐等问题。
- 最后通过用户行为数据和产品质量表现数据，来打磨、改进产品。

8.3.2　B 端产品关注指标

大部分 B 端产品关注的指标有以下几个：**品牌知名度、销售线索量、客户参与度、销售额、客户培育量、客户留存率/忠诚度、客户传播量、客户增购量**等。

但是，在实际分析中，小伙伴们会遇到各种各样的难点。比如，大部分 B 端产品关注的指标是品牌知名度。一直以来品牌知名度这个指标是很难量化的，但可以借助其他的一些相关数据来反映品牌知名度，如**品牌词的月均搜索量、网站的自然搜索流量、与竞争对手的产品关键词对比**。

再比如销售线索量，请注意这里是销售线索量，而不是最终的销售量。B 端相对于 C 端，决策周期更长，中间过程很难归因，因此用最终的销售量来衡量不太合适。至于后面的几个指标，也可以通过设置量化指标进行考核。比如，客户的线上互动次数、内容转发次数、老客户回访率等。

只要明确数据分析的目标，我们就能找到可以量化的指标。

8.3.3 B端产品数据指标体系

在 ToB 业务发展的不同阶段，ToB 业务的指标体系所关注的指标是不同的。如图 8.1 所示，我们把 ToB 业务指标体系按照业务发展的程度分为四个阶段：启动阶段、成长阶段、留存阶段、营收阶段。

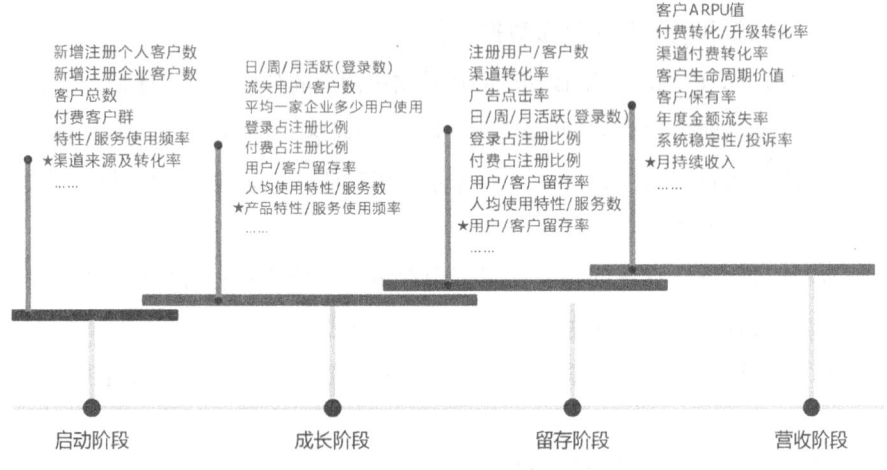

图 8.1 ToB 业务指标体系

在图 8.1 中，我们发现在每一个阶段都有一个指标用五角星（★）标注，这个用五角星标注的指标是北极星指标（North Star Metric）。

北极星指标，又称为"OMTM"（One Metric That Matters，唯一重要的指标）。之所以叫北极星指标，是因为这个指标一旦确立，就像北极星一样，高高闪耀在天空中，指引着全公司上上下下向着同一方向迈进。

不要苛求完美，不要试图一步到位，寻找北极星指标也不是一道只有唯一解的数学题，指标之间是存在逻辑性的。比如，转化率只有在转化基数大于零的情况下才有效，如果没有客户使用产品，就无法谈论转化率；病毒性传播只有在可量化的基础上才能衡量，口口相传的传播无法衡量。

ToB 业务的指标可分为两个方面：财务侧指标和客户侧指标。

为什么要这么划分？这跟业务的销售模式有很大的关系。财务侧指标与客户侧指标之间是有区别的，财务侧指标是对公司过去和现在的业务成果进行描述的指标。要对公司的实际情况加以了解，需要对财务侧指标和客户侧指标进行印证。

ToB 业务在很大程度上是由 KPI 驱动的。财务侧指标便于管理层了解业务成果，客户侧指标便于管理层了解业务运行状态是否健康。

1. 财务侧指标

在 ToB 业务中，影响 MRR（Monthly Recurring Revenue，月度订阅营业额）或 ACV（Annual Contract Value，年度合同价值）的三个主体是新增客户、续费留存客户、流失客户。

在计算总体收入时，我们需要计算新增客户创造的收入、留存客户通过续费创造的收入、客户流失造成的损失。根据这些客户带来的收入或造成的损失，我们就可以计算 MRR 或 ACV 了。

1）流失率

$$流失率 = 流失客户数量 \div 客户总数量$$

这个指标需要大家细分考量，因为产品处在不同的发展时期，其流失率是不一样的。

付费客户群和免费客户群的流失率应分开考虑。免费客户群流失指免费客户注销或者在一段时间内不再使用免费产品；付费客户群流失指付费的客户不再付费或者降低了付费水平。因此，这里对客户的选择，也是很重要的。

比如，在业务初期，假设每月的流失率为 5%，意味着每个客户的平均使用寿命为 20 个月，这就是用于计算客户生命周期价值的依据（20 个月×每个客户平均每月创造的营收）。

初期你只有 100 个客户，每个月流失 5 个客户，再找回 5 个客户看起来是很简单的事情，但随着业务的不断发展扩大，当你有 1 亿个客户的时候，5% 的流失率意味着你每个月有 500 万个客户流失了，这是一个巨大的数字。尤其是当你的客户增长速度已经达到一个瓶颈的时候，流失率就变得很重要了。

请看下面这个关于付费客户流失的例子。

如果第一个月的客户数量为 100 个，每个客户当月预付 10 元，那么第一个月的总收入为 1000 元，以后逐月的客户流失率为 5%，预付金额每月增加 10 元，5 年内总收入的变化值如图 8.2 所示。

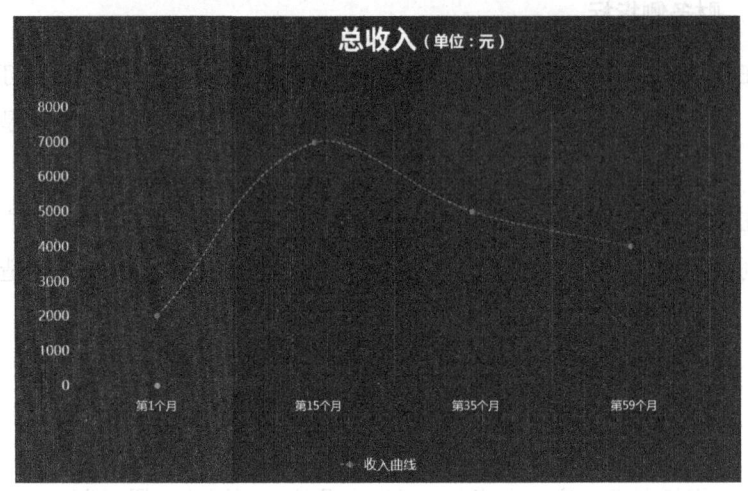

图 8.2　5 年内总收入的变化值

我们可以清楚地看到，最初增加的收入比客户流失带来的损失要多，但随着时间推移，客户流失带来的损失逐渐变大，使得总收入呈现下降趋势。

因此，我们所说的流失率并不仅指客户的流失率，还包括客户收入的流失率。

2）CLV

CLV（Customer Lifetime Value，客户生命周期价值）的计算公式：

CLV=客户生命周期×每个周期的收入或者客户平均收入（单位保持一致）

那么，客户生命周期如何计算？

客户生命周期=1÷客户流失率（单位保持一致）

如果每月的客户流失率为30%，则客户生命周期的计算式为：

客户生命周期=1÷30%≈3.3

在得知客户生命周期后，我们就能够计算客户生命周期价值了。要想得到更为精确的客户生命周期价值，我们还要纳入毛利润率这个指标：

客户生命周期价值=客户生命周期×每个周期的收入或者客户平均收入×毛利润率

3）CAC

对ToB业务来说，CAC（Customer Acquisition Cost，获客成本）不仅是指获取注册客户的成本，还包括获取付费客户的成本。

CAC=（营销费用+推广费用）÷注册或付费客户数

当你需要计算注册客户的获客成本时，除数用注册客户数；当你需要计算转化客户的获客成本时，除数就不能只用注册客户数，因为只用注册客户数会低估付费客户的获客成本。

为了进一步理解获客成本，请大家参考图8.3所示的内容。

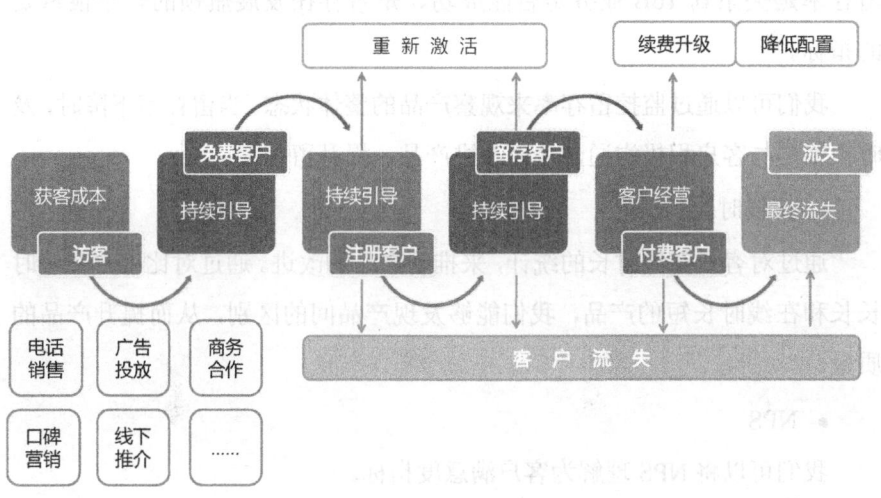

图8.3 客户流失情况

图 8.3 很好地向我们展示了不同获客成本的区别。我们能够看到，付费客户由注册客户中的留存客户转化而来。而注册客户和付费客户的流失情况不太一样，两者的流失率也应该分别进行计算。

2．客户侧指标

1）客户获取指标

在客户获取指标中，最需要关注的是**新增注册客户数和注册客户中付费客户的比例（新增注册客户付费渗透率）**。

通过监控获客成本、注册客户数、付费客户数、日活/月活等，我们可以得到一张宽表，从而评估产品的营销效果。

2）客户留存指标

客户留存指标包括留存率、在线时长、NPS（Net Promoter Score，净推荐值）等。

- 留存率

留存率与流失率是相对的关系，降低流失率其实也就是提高了留存率。留存率是关系到 ToB 业务是否能成功、是否存在发展瓶颈的一个很重要的指标。

我们可以通过监控留存率来观察产品的整体状态。当留存率下降时，及时预警，与客户积极沟通，从而改进产品，提升留存率。

- 在线时长

通过对客户在线时长的统计，来推动产品的改进。通过对比客户在线时长长和在线时长短的产品，我们能够发现产品间的区别，从而提升产品的质量。

- NPS

我们可以将 NPS 理解为客户满意度指标。

C 端产品一般不太需要关注客户满意度，而需要关注产品的娱乐性、普及性等指标。B 端业务的客服团队需要对 B 端产品及服务进行回访，调研每个客户有多大的概率向其周围的人推荐我们的产品。

通过以上分析不难看出，B端业务具有一系列不同于C端业务的显著特征：

- 客户留存是关键。
- 获客成本高。
- 产品/服务客单价高。
- 产品迭代需要数据支撑。

总而言之，ToB业务关注以下几个指标：MRR、ACV、流失率、CLV、CAC、新增注册客户数、新增注册客户付费渗透率、在线时长、NPS。这些指标的趋势与走向可以在很大程度上说明产品或服务是否健康发展。

当然，上述指标比较笼统，我们需要再将场景细分下去，可以把一个指标拆成多个，如拆分客户来源、拆分行业、拆分产品等。

这样，我们就可以对每个指标、每个渠道、每个维度做到监控与预测，当然这些操作需要固化成报表定期滚动。通过对数据指标的监控，我们可以很好地定位异常情况，找出原因，从而推动产品或服务的质量改进，最终驱动业务收入持续增长。

接下来，小新会带着大家，针对不同类型的B端产品进行产品数据分析。大家可以根据自己所在行业的特点，从中汲取经验与用法，构建属于自己行业和产品的数据分析模型。

8.3.4 B端工具型产品数据分析

B端工具型产品的最终目的是提升企业的效率或为企业节约成本，产品成功与否要围绕为企业带来的"价值点"进行衡量。

B端工具型产品和C端工具型产品的差异点如表8.1所示。

表 8.1 B 端工具型产品和 C 端工具型产品的差异点

	B 端工具型产品	C 端工具型产品
目标	精准客户，付费使用	初期关注使用量，后期关注付费转化
用户量	精准的大型企业客户更好	精准用户越多越好，免费、付费均可
用户周期	接触、试用、付费、续费、流失	拉新、成长、沉默、流失
运营重点	提升投入产出比、关注客户成功	增强用户黏性、培养用户习惯
增长关键	客户价值增长、续费率提高	用户数增长，流量至上
使用时长	关注企业价值，并非使用时长，关注关键数据	越长越好，用户依赖

作为 B 端工具型产品，和 C 端工具型产品相比，由于不对内收费，在触达客户方面非常便利，而且客户群体相对固定。在这里，好的一点是我们不需要费尽心思去拉新、提高收入，但是不好的点很多，如我们没有直接的收入、客户的无门槛使用也给我们的技术服务带来非常大的压力。

从数据运营的角度来说，侧重点就只落在客户价值上。

具体数据分析可以细分为客户沙盘数据分析、获客成本分析、产品质量分析、过程质量数据分析、客户满意度数据分析五点。

1．客户沙盘数据分析

虽然不需要进行严格的客户分层，但是在产品的不同阶段，我们需要对客户沙盘数据采取不同的运营方法。

1）产品上线前期

工具型产品在产品上线前期需要圈定一批"天使"客户进行培养与深入沟通、服务，这批"天使"客户俗称"小白鼠客户群"。

这需要我们对内部客户进行系统摸底，在不同阶段选取不同的内部客户对产品进行体验。不同阶段具体分为研发阶段、引擎阶段、平台阶段等。对预期表现不错及有望成为标杆的客户进行重点运营与建设。

在分析并划分好客户级别后，我们便可以搭建初步的客户沙盘数据表，开始一对一的宣讲、试用和运营。

2）产品扩展期

产品扩展期的客户数据会越来越多，这时候对客户进行分类、分析并持续追踪非常重要。不同阶段的客户需要不同的支持与服务。此时，我们可以初步进行客户的分类，建立服务体系和支持原则。根据"二八法则"，我们应将注意力集中在能够为我们提供更多价值的客户身上。

在产品上线后，我们也要及时关注运营数据并进行分析，帮助客户了解接入工具、使用方法等，提升效率。

2. 获客成本分析

1）官网数据分析：浏览量、客户停留时长等

官网数据非常重要，客户通常通过官网下载并查看功能说明、阅读行业分析、管理后台以及下载 SDK 等功能。

因此，我们通过对官网的 PV、UV、客户停留时长等数据进行分析，能够看出客户的关注点。不同内容之间可以进行数据的分析对比。比如，在类似的内容之间，客户在 A 文档的停留时长明显超过 B 文档，那么我们就需要进一步分析原因，是 B 文档写得不好，还是客户对 B 文档不感兴趣。

2）使用成本：建立文档反馈整改制度

在 B 端工具中，文档是指导客户顺利接入和使用产品的关键。因此，我们需要搭建文档反馈数据库，针对文档反馈意见进行专项优化。

3）推广文案跳转率

工具型产品推广大多对目标客户进行精准广告投放或者邮件推广。

这些推广中的阅读量、链接点击率、客户打开网站后的转化率等数据需要我们具体分析并且反推内容进行优化。

3. 产品质量分析

产品的质量数据分为两个层面：接入问题与产品问题。

1）接入问题：帮助客户解决接入问题

工具型产品的"命脉"在于快速、方便地帮助客户顺利接入并开始使用。

如果在第一步接入部分就出现问题，那么后续的发展、转化甚至续费都无从谈起。一部分企业让专业研发人员对接客户，亲自接入，这样的对接方法比较适合于大型专业化工具。当产品的客户量不大的时候，可以使用这种方法。

然而，当客户数量众多，又不能派专人进行对接时，应该怎么办？有些企业为了能清晰监控到客户接入联调的过程，帮助客户快速接入，开发了接入监控联调系统。这种系统通过数据指标确认、采集和上报，最终以页面形式呈现核心接口状态、调用数、接口成功率等。

可视化的柱状图能让客户清晰并方便地看到需要重点关注哪些接口、没调通的接口是哪一个。这对工具型产品来说，是一个很好的帮助客户解决问题的方法。

2）产品问题：产品线上运行数据监控

产品在上线后是否好用才是检验产品好坏的最终标准。在面对海量客户、多机型、多网络环境的情况下，产品是否仍能平稳运行，维持99.999%的可用性，至关重要。

因此，我们需要搭建实时产品质量视图，看到产品当前的表现指标，如成功率、错误码情况、丢包率等。在多语言、多系统的跨国使用的情况下，我们还需要获取全球的上报数据，在统一页面进行分析。

4．过程质量数据分析

工具型产品在使用过程中的质量表现直接影响了客户满意度。我们的产品是复杂的技术产品，需要我们在接入、使用、发现问题的过程中及时反馈并且给予专业指导和支持。

值得关注的是，初次使用工具型产品的客户需要我们从接入开始就提供专业的服务与指导，并且每个月对这些客户进行分析，反推运营与产品进行持续的优化。

1）过程问题的数据分析

这需要我们对客户进行分类。按照产品类别对客户进行分类，这样方便我们对客户接入的产品出现的问题进行汇总。如果在接入某个产品的过程中总是出现同类问题，那么需要对这类问题进行分析，以便提升客户满意度。

另外，我们还可以对问题进行分类：哪些是需求问题，哪些是咨询问题，哪些是定位问题，问题的类型如何分布，哪些反映了产品缺陷，哪些反映了文档建设问题，哪些反映了流程问题等。

针对上述问题，我们可以通过每月的数据分析找到优化点，持续改善产品品质，提升服务效率。

2）缩短服务响应时长、处理时长

客户永远会放大自己的问题并且期待企业能够快速反馈，及时解决问题。他们能够给你适当的等待时间，但是是在及时反馈的基础上进行等待。一旦信息石沉大海，客户的耐心就非常有限。因此，服务的响应时长和反馈机制就显得特别重要。

这需要我们对客户进行分级，对重要客户一定要配备专门的服务人员并24小时进行响应。组建大客户服务团队，配备专门的技术服务人员，确保响应及时并快速处理问题。

5. 客户满意度数据分析

在上述所有工作都完成后，就到了评估客户满意度的环节。

我们每月或者每个季度对重点客户进行非正式的一对一访谈或者回访，咨询他们对产品质量、服务质量的评分和建议。认真倾听客户的声音，并且及时分析这些数据和建议。

客户反馈的数据往往最能受到内部团队的重视。因此，在客户满意度数据的反馈报告中，将之前监控到的数据及报告附上，能够及时得到内部团队的重视，从而得出关于产品下一阶段的重点优化计划。

8.3.5　B端SaaS型产品数据分析

SaaS是Software-as-a-Service（软件即服务）的简称，是随着互联网技术的发展和应用软件的成熟，在21世纪开始兴起的一种完全创新的软件应用模式。随着近年来SaaS型产品种类的不断增加，对客户和业务的精细数据进行分析的能力成为最重要的核心竞争力。矗立在行业顶端的团队都有着深厚的数据决策文化，一些金融行业甚至利用模型为客户推荐适合的产品。因此，数据分析能力已经成为新时代运营人员突出竞争重围的重要能力。

我们一起看看对于SaaS型产品，有哪些数据需要重点关注。

1. 月度订阅营业额（MRR）

MRR是每个付费客户平均每月的订阅营业额。

SaaS型产品与传统产品的核心区别就是订阅式的服务：根据需求，客户需要按月、按季度或者按年支付使用产品的费用。

这个金额与合同金额不一样，MRR实际是合同金额分摊到每个月的金额，这样能够将不同付款周期的客户统一到月度维度进行统计。

$$MRR=年度合同金额总和 \div 12$$

这样做的好处是能够将月付客户与年付客户进行数据上的统一。其中需要我们注意的是，年付客户可以直接按照MRR数据进行计算，而月付客户需要对下单时间内的付款总额进行汇总并除以付款月度数。

根据具体的原因，MRR可以更详细地分为：

1）新增MRR

新增加的客户支付的MRR。

2）扩张MRR

现有付费客户购买了新功能或者升级到更贵的产品所增加的MRR。

3）收缩MRR

现有付费客户降级所导致的MRR的减少。

4）流失MRR

客户停止订阅或者支付费用后所导致的MRR的流失。

总之，MRR = 新增 MRR + 扩张 MRR - 收缩 MRR - 流失 MRR。

因此，对 MRR 的检测能够让我们更加清楚地认识到客户的销售额增长的情况或者客户流失的情况。

运营人员对 MRR 的关注体现在以下几个方面。

- 短期内新增 MRR：一些展会、广告、活动运营等都有可能会创造新增 MRR，我们需要对一些不明原因的新增 MRR 进行关注。不明原因有可能是产品的一次简单路径的调整、页面的优化或者其他原因，需要我们关注并积极地将这些优势扩大到更多产品、页面、路径中。
- 短期内收缩 MRR：每当经济危机发生的时候，收缩 MRR 都会增加。然而在短期内收缩 MRR 明显增加，是客户对我们产品不满，还是客户预算收缩？运营人员需要明确根本原因。当金融危机席卷全球的时候，产品也需要进行整改，以确保客户利益最大化。产品应适当降级，满足客户大部分需求，与客户共同渡过艰难时期。
- 流失 MRR：具体到每个客户，运营人员需要了解客户停止订阅的原因。如果是产品、服务、竞争对手的原因，运营人员需要对内积极整改，对外分析并随时调整运营策略，以便减少后续可能的流失 MRR。

2. 客户流失率

除了 MRR，另外一个极其重要的业务指标就是客户流失率。

客户大多签署的是年度合同，并且 ToB 类业务有着明显的季节性，利用客户流失集群分析可以将这两种情况都展现出来，并进行直观的监测。

在图 8.4 所示的客户留存率监控图中，我们可以清晰地看到每一天来访的客户在今后的留存率，客户留存率高的功能可能是我们的增长点。

关于增长方面的举措，我们可以留意客户留存率高的功能、板块、路径等，这些都是值得我们注意并且应进行调整的。这些地方可以由运营人员主导，由产品人员进行产品改进、A/B Test 等，去进行更深一步的测试与产品迭代。

时间	客户数	当天	1天后	2天后	3天后	4天后	5天后	6天后
概况	49878	100%	3.57%	2.30%	2.40%	1.69%	0.94%	1.20%
5月1日	830	100%	9.13%	7.19%	7.13%	4.60%	1.87%	1.20%
5月2日	12104	100%	2.71%	1.64%	1.14%	0.16%	0.02%	
5月3日	13720	100%	2.94%	1.52%	0.32%	0.31%		
5月4日	10733	100%	4.76%	0.56%	1.06%			
5月5日	11042	100%	1.40%	0.90%				
5月6日	690	100%	0.50%					
5月7日	759	100%						

图 8.4　客户留存率监控图

接下来我们一同来看一个关于留存率与产品优化成功的案例。

某房地产公司一直将增长作为首要任务。该公司建立了一支专门的团队关注增长，其 KPI 是获客与留存率指标，帮助公司产品团队合作实现各自的业务目标。

该公司制订了一个名为"Play"的增长计划，以 9～12 个月为一个周期，不断地推出增长活动，并以此为核心将整个公司的员工凝聚起来，共同实现增长使命。

2008 年，公司注意到其网站流量正在被一个竞争对手蚕食，在分析后发现流量的消失在很大程度上是因为对方巧妙地利用了搜索引擎优化，使其在谷歌搜索结果中的房源数量高于自己的。

于是，该公司将"Play"计划的主题定位为"搜索引擎优化"，公司所有团队将此定为第一优先级，并且力争在搜索方面做到行业领先。

之后，公司文化发生重大变化，此前公司一直关注营销策略的配合而忽略搜索引擎。最终，每个团队都在计划中找到了优化搜索引擎的办法，产品也赶超了竞争对手，并在 2015 年将其收购。

我们能够看到该公司对网站中关键数据的分析，能够发现公司最主要产品的客户走向，最终追本溯源，找到原因并积极应对。

运营团队在数据分析及增长优化方面需要做到以下四步。

- 数据分析与洞察收集：对已有数据的分析能够帮助我们对产品的整

体有一个洞察，或许是一个猜测、一个灵感，我们要把这些洞察、猜测或灵感收集起来。
- 想法产生：集中第一步的所有洞察、猜测或灵感，运营团队开始进行头脑风暴，初步形成想要实现的目标，并罗列出来。
- 排定实验优先级：这一步也非常重要。如果实验需要几个不同的方向，就更需要排定优先级，列入项目管理中进行排序。
- 执行与反馈：在实验中需要进行数据的检测与反馈，为下一阶段的实验以及产品优化与迭代做准备。

很多时候，我们虽然不能像案例中那样，专门组建一个关注增长的团队，但是我们可以通过这种阶段性的分析、构思、排期、测试来进行一段时间的增长工作。在实现了目标，进行了产品优化后，我们的工作就可以告一段落了。

3. 客户生命周期价值

关于客户生命周期价值，在上文中我们已经介绍过，SaaS 型产品不是"一锤子买卖"，每个客户在使用一段时间后都有多种可能。客户生命周期价值能够反映客户活跃的整个订阅周期里的营业额，并且能够给市场部门的策划活动与执行销售策略提供快速衡量投入产出比的标准。

客户生命周期价值有很多种计算方法，我们在上文中提到过。

客户生命周期价值=客户生命周期×每个周期的收入或者客户平均收入×毛利润率

$$CLV = LT \times ARPA \times GM\%$$

其中，LT 为客户订购服务的时间长度，一般按照月度或年度计算。ARPA 为每个客户的平均经常性收入，周期与 LT 一致，也是按照月度或年度计算，按月度计算的通常表示为 MRR，按照年度计算的通常表示为 ARR。GM% 代表毛利润率。

举个例子：

客户的生命周期为 5 年，每月平均经常性收入为 800 元，毛利润率为 80%，那么该客户的生命周期价值要如何计算呢？

$$CLV=5×12×800×80\%=38400 \text{元}$$

可能有些读者会问，为什么该客户的生命周期价值的计算式不是 5×800×80%=3200 元？别忘记，客户生命周期的时间单位需要与平均经常性收入的时间单位保持一致，案例中为每月平均经常性收入，因此直接用 5 年乘以每月平均经常性收入是错误的。大家在实践中需要注意这一点。

有时候客户生命周期很难获得，因此，在计算客户生命周期时，我们可以使用客户流失率。

$$LT = 1 ÷ 客户流失率$$

其中，客户流失率一般通过当期（月度或年度）流失的客户数除以总客户数得来。

这样 CLV 的计算公式可以调整为：

客户生命周期价值 = 客户平均收入 × 毛利润率 ÷ 客户流失率

$$CLV = ARPA × GM\% ÷ 客户流失率$$

延续上面的例子：

客户生命周期未知，但是客户流失率为 2.5%，那么：

$$CLV=800 × 80\% ÷ 2.5\%=25600 \text{元}$$

这个时候，有些读者会问，如果是新产品要怎么计算呢？各种数据只有月度数值，一切都只能靠猜测吗？当然不是，在产品刚刚发布数据还不完善的时候，我们可以暂时用**平均客单价来代替 CLV**，等到有足够的数据后，再转为更精准的计算方式。先粗后细，先宏观建立框架，再填充数据监测内容。

最后，小新要说的是，太关注 CAC 或者 CLV 也是错误的，这两个数据是用来观察的，而不是用来相信的。

4．客户复订率

客户复订率，顾名思义，就是客户重复订购产品的比率，也就是付费客户留存率。

在前期数据并不充足的情况下，客户复订率比客户流失率能够更准确地反映出客户接受产品程度的高低。这是在初期阶段数据样本不足的情况下可以采用的方法。

客户复订率 = 完成复订的客户数量÷当期到期的客户合同数量

5．获客成本

对 SaaS 型产品而言，获客成本主要包括市场费用和销售费用。

然而在实际执行中，对市场费用和销售费用进行实时统计会有难度，一个折中的办法是将市场费用和销售费用分开，围绕单个市场活动独立计算销售线索以获取成本，再跟踪 CRM 系统中各活动的线索转化率，计算出复合的获客成本。

6．客户健康度指标

上面提到的几个指标都是事后指标，也就是事情发生以后才会反映出来的指标。对这些指标的关注和分析尽管可以提升未来的整体情况，但是在单个客户层面缺乏实际执行意义。

对客户健康度指标（见图 8.5）的监控是实时的，一般来说会监控几个关键数据，如平均登录次数、帮助页面的页面浏览量（PV）、联系客服的次数、使用核心功能的次数等。

这种量化方法在上文中也提到过，就是将关键指标的权重进行分配，将数据与权重进行加权或者单独分析，从而画出气泡图。

通过对一段时间内流失的客户进行详细的行为分析，圈定几个在客户流失前发生频率明显下降的事件，并持续监测新的流失客户在圈定事件上的表现。如果一致，那么就可以将圈定事件加到客户健康度指标内。

建议刚开始跟踪的事件不要超过 5 个，可以从 1 个事件开始建模，并每隔一段时间就对比一次流失客户数和客户健康度指标，在逐渐熟练之后，再增加事件数。

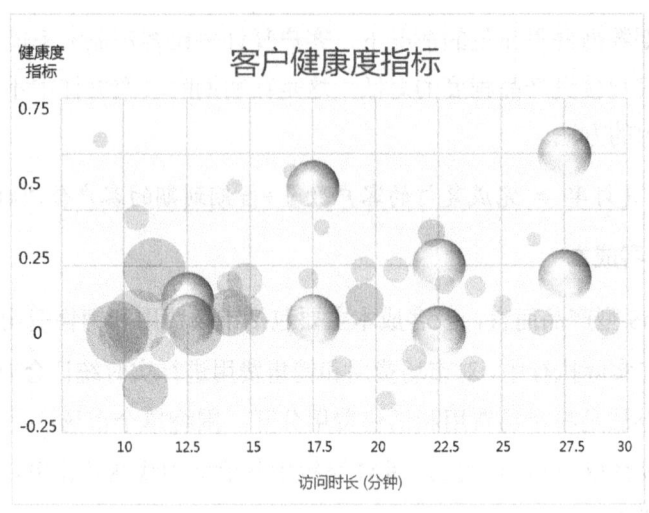

图 8.5 客户健康度指标

随着产品的进步，客户健康度指标也会不断发生变化，我们要准备好随时更新。

8.4 B 端数据分析的误区

1. 分析目的不明确

从 ToB 端来说，如果我们只谈数据分析，那么基本上就没有办法把数据分析得有价值或者有针对性。

所以要做数据分析，首先你要明确目的，也就是说你想通过数据看到什么样的结果，或者看到什么东西的效果。比如做电商，我销售一种新的商品，我想知道用户的下单率是怎么样的，那就去看用户会通过什么样的路径来完成下单这个操作。路径中的行动点就是你需要的埋点或者需要收集的数据。

先知道想要什么，之后去哪里找这些东西就不会很难。之后就是对其中的行为进行定义。比如，什么叫"浏览"？是只打开网站进来，还是停留一段时间，需要我们具体定义到细节部分。

至于具体展示，是根据你想要的数据而产生的不同形态的结果。

2．唯日活论

B 端产品不是 C 端产品，两者在本质上有着鲜明的区别：B 端的客户体量不会大。比如，最近大火的社交软件子弹短信上线 30 天，用户总数近 750 万，但是反观 B 端的龙头产品——以阿里为后顿的钉钉，在投入无数资源的情况下运作了 4 年才勉勉强强地宣称企业客户达到 5 千万个。

但是，这就说明子弹短信取得商业上的巨大成功了吗？钉钉就是一款失败产品吗？我并不这样认为，作为 B 端产品的钉钉由于客户大多是企业客户，相对于 C 端产品天然地有更高的付费能力与意愿，产品的变现速度更快，开发成本的回本周期更短。比如，从在钉钉商店上线的插件来看，月均流水就能打破 50 万元，这是 C 端产品根本无法比的。

此时如果我们还是唯日活论，一味地追求 B 端产品的日活，那么这就是毫无意义的行为。**B 端产品真正应该追求的是高净值客户，而不是客户数量。**

3．虚荣指标

任何一款产品的核心本质都是盈利，而且最好是能持续地盈利。我们所做的一切数据分析的核心是监控产品核心指标，将数据进行可视化展示，为产品提供有价值的信息反馈。而所谓有价值的信息指的是：

- 哪些指标可能会影响产品发展与盈利。
- 哪些指标的改变可能会让你的产品获得更大的盈利。

如果对指标的数据分析最终不能指导负责人或开发者应该如何让产品赚钱，那么按产品运作的说法，这些指标都属于"虚荣指标"。

上文中提到的日活对 B 端产品来说就是一个虚荣指标。可能你的 B 端产品的客户很多，但是没有带来任何盈利，这对你来说就是无用的，最多只是提供了心灵上的自我安慰。当然这个问题不仅仅属于 B 端产品，C 端产品也存在同样的问题，在这里我们先暂且不提。

8.5 常见的 B 端数据分析工具

在这里，小新介绍一下在实践中常见的 B 端数据分析工具。

8.5.1 GrowingIO

GrowingIO（北京易数科技有限公司）是基于用户行为数据的增长平台，是国内领先的数据运营解决方案供应商，为产品、运营、市场、数据团队及管理者等提供客户数据平台、获客分析、产品分析、智能运营等产品和咨询服务，帮助企业在数据化升级的路上提升数据驱动能力，实现更好的增长。GrowingIO 是基于用户行为进行分析的新一代数据分析产品。

从表 8.2 我们能够看到 GrowingIO 的数据采集，既提供有埋点的规范性数据采集方案，也提供无埋点的数据采集方案。

表 8.2 GrowingIO 产品功能表

	数据采集	数据分析	运营平台
分类	无埋点、埋点、广告检测	网站分析、App 分析、小程序分析、客户数据平台	智能运营

核心业务：专注于电商零售、互联网金融、酒店、教育、内容社区等行业。不需要开发人员埋点，就可以详细地收集用户的数据。一般为了收集用户的数据，如浏览轨迹、点击记录和鼠标滑动轨迹等行为数据，开发人员需要大量地埋点。企业无须在网站或 App 中埋点，就可获取并分析全面、实时的用户行为数据，以优化产品体验，实现精细化运营，用数据驱动用户和营收的增长。

8.5.2 神策数据

神策数据（Sensors Data）隶属于神策网络科技（北京）有限公司，是专业的大数据分析平台服务提供商，致力于帮助客户实现数据驱动。公司围绕用户级大数据分析和管理需求，推出神策分析、神策智能运营、神策智能推荐、神策用户画像、神策客景等产品。

从表 8.3 所示的神策数据产品功能表可以看到，神策数据主要围绕用户行为为用户完成数据采集和数据分析。神策数据具有提供私有化部署、支持基础数据采集与建模、PaaS 支持二次开发等优势。

表 8.3 神策数据产品功能表

分类	数 据 采 集	数 据 分 析	运 营 平 台
分类	基础数据全采集、PaaS 平台、私有化部署	细分分析：事件分析、漏斗分析、留存分析、归因分析、分布分析、用户路径分析、点击分析、自定义查询等 用户画像分析	智能运营、智能推荐、客户场景

同时，神策数据在解决方案上更加细分，并且提供通用解决方案，如图 8.6 所示。这为用户进行细分领域的垂直营销、精细化营销等操作提供了很大的方便。

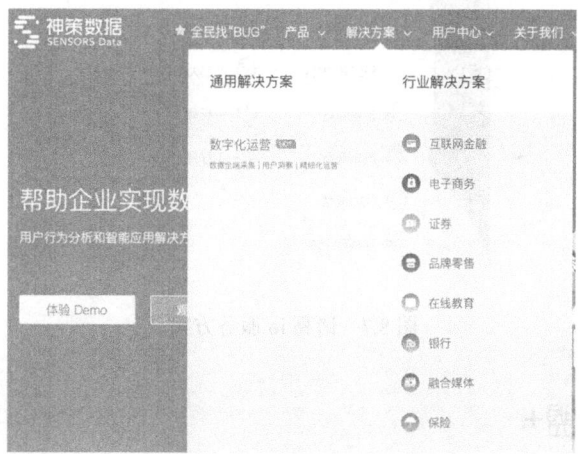

图 8.6 神策数据解决方案

8.5.3 诸葛 io

诸葛 io 是北京诸葛云游科技有限公司于 2015 年 2 月推出的一款精细化的运营分析工具。它助力移动应用的精细化运营，优化留存、提升用户价值、准确、深入地分析数据和建模，灵活、有效地应用数据和反馈优化，让人人都可以方便、快捷地获取相关的大量数据。诸葛 io 专注于应用统计与数据预测。

其产品更加垂直，主要分为三种类型：SaaS 数据分析工具、私有化 PaaS 平台和 SMART 数据中台，均提供智能营销功能。

诸葛 io 的数据分析和反馈更加针对职能人员，如图 8.7 所示。它针对 CEO、市场人员、运营人员、产品人员、分析师以及工程师，能够形成根据不同角色的需求分析的数据报告，为这些职能人员智能提供整改方案和事后监测。这样的功能对个体用户非常具有吸引力。

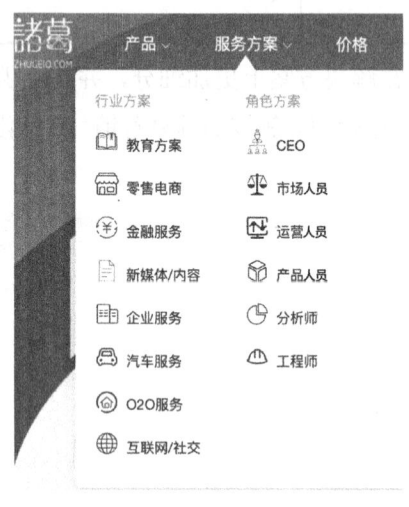

图 8.7 诸葛 io 服务方案

8.5.4 友盟+

阿里旗下的友盟、CNZZ 及缔元信三家公司于 2016 年初正式合并，升级成为友盟+。

友盟+以"数据智能，驱动业务增长"为使命，基于技术与算法能力，结合全域数据资源，挖掘出 40 多个标签大类、15000 多个客群标签、100 多个用户/行业分析指标，通过 AI 赋能的一站式互联网数据产品与服务体系，帮助企业实现深度用户洞察、实时业务决策和持续业务增长。

友盟+的产品分类非常精细,如图 8.8 所示,产品分为统计分析、开发者工具、营销增长、开发者数据银行和云基础设施五大部分。

图 8.8　友盟+的产品

我们能够看出,阿里投资的三家数据公司进行整合后,在数据内容的呈现上更加精细,实现优势互补。

8.5.5　数据分析工具选用

数据分析的平台很多,那么,我们如何选用数据分析工具呢?

- 首先,量力而行,根据企业对数据的需求以及目标去进行选择。
- 其次,学习分析数据。在与提供这些工具的企业接触的过程中,我们能够学到很多数据分析的知识,并且能够在实践中进行对比,对数据进行矫正。
- 最后,辨伪存真。就像产品经理搜集用户需求一样,明白企业对数据分析的诉求,并且不被数据过度解读所困扰,掌握核心数据分析原理。能够提升效率、降低成本的工具,才是最适合的。

数据是用来参考的,不是用来相信的。如果任何事情都能够通过数据进行解读,那么人类也不会有那么多千古难题。

数据可以用来支撑你的决策、改善方案、产品迭代等,但是不必过分纠结于数据。运营经理们需要在纷繁复杂的信息中保持初心，那就是更好地服务你的客户。

8.6 本章内容总结

本章的内容有些复杂，有很多的公式、解读、数据名称以及参考点。主要内容如下所示。

- 数据分析概述
- 数据分析框架
- B端产品数据分析
- B端数据分析的误区
- 常见的B端数据分析工具

最后，仍然希望大家对本章的知识点进行梳理，并且针对自己的行业总结出适合的分析数据、量化指标以及权重，形成自己的一套数据分析方法论。

第 9 章
B 端运营团队的构建与管理

关于 B 端运营，我们讲了非常多的知识点以及关于 B 端运营的整体框架与细节。

在学了这么多的知识之后，一些负责 B 端业务的人会问："既然 B 端运营如此重要，那么我要如何创建一个运营团队并且进行管理呢？"

要回答这个问题，我们需要先从 B 端运营团队的职能讲起。

9.1　B 端运营团队的职能

关于 B 端运营团队的职能，我们在本书的第二章进行过初步的讲解。图 2.3 让我们了解了 B 端营销转化路径。

基于 B 端营销转化路径，我们将产品运营细分为如下岗位：

- 售前运营岗（获客、感知）
- 商务运营岗（跟进、签约、付费、复购）
- 产品运营岗（转化与持续服务）

- 数据分析岗（转化、服务以及复购）

这是从整个转化路径中进行的区分。当然，中小型企业可以一岗双责，或者一岗多责。

整个运营团队的职能从整体到细分大致分为如下几点。

- 根据公司战略及销售目标，制订公司运营计划，搜集、整理并分析运营各项指标，输出报告，给出合理化建议并推动公司进行产品迭代与服务升级。
- 需要对企业产品（线上、线下）、平台产品、品牌管理及新媒体运营负责，制定推广策略并定期进行内容、活动运营等。
- 根据项目进度和产品升级等，提升市场占有率，收集平台或产品数据，吸引目标客户注册并转化。
- 倾听客户需求，建立反馈与服务机制，提高客户满意率。
- 负责线上平台的运作和团队管理，建立服务体系并进行监管，提升品牌形象。
- 对客户增长、客户转化负责，定期输出报告，反推产品人员、研发人员、市场人员进行改进。
- 内部管理：包括招聘、培训、技能提升和内部考核。

接下来，我们要从组织和企业的角度去思考运营团队如果进行运营与管理。一个运营团队需要根据公司战略目标以及经营方针去制订运营计划。然而，一个运营计划包含了各种对用户的承诺及服务，如何进行内部推动以及内部运营、管理，也是运营团队需要关注的部分。

9.2 面向市场的企业定位

一家企业的营销工作被什么观念所影响呢？这个问题，估计很多管理者从来没有想过。这其实也是C端营销人员来到B端企业感到"水土不服"的主要原因。

正所谓道不同不相为谋，企业对营销观念的理解不同，着实会影响运营团队发挥的空间以及整个企业对运营团队的响应。

9.2.1 旧营销观念

以前的营销人员身上有着时代的印记，以企业的观点为观点。接下来让我们一起看看这些营销人员身上的时代烙印。

1．生产观念

这是企业最古老的观念之一。这个时候的企业认为消费者更喜欢那些能广泛获得且廉价的产品。生产型企业管理者通常集中精力降低成本、提高生产率以及进行大规模分销。比如，福特汽车在这样的时代背景下，生产了外观一致的汽车，从而扩大产能、降低成本。它拒绝生产差异化的汽车满足消费者的不同需求，也是基于这种生产观念。

2．产品观念

产品观念是有点儿"自以为是"的观念。产品观念认为消费者青睐质量好、性能好并具有创新思想的产品。在很多情况下，企业管理者迷恋产品性能与场景，陷入"更好的捕鼠器"谬误，相信只要产品足够好，消费者就会买单。

这样的企业管理者会投入大量资源去搞研发，而忽视营销与市场的作用。一个新的或者好的产品不一定会卖得好，除非它被恰当地定价、分销、宣传与销售。

2．推销观念

推销观念认为只要你会推销，就没有卖不出去的产品。这种观念在非渴求产品上表现得特别明显，如保险等。当企业生产的产品或者提供的服务并非市场需要的产品或服务时，企业会将"黑锅"甩在营销上。推销观念认为即使你讲了关于产品的不实言论，消费者也不会投诉你，他们在用过产品后还会进行二次购买。

这种观念在法律和维权意识淡薄的年代尚且可以运作，但是在现今社会，这种观念很难进行推广。

9.2.2 新营销观念

20世纪50年代中期，新的营销观念开始萌芽，作为一种以客户为中心、先感应再响应的理念而出现。新的营销观念不仅在为产品寻找合适的客户，还需要为客户打造合适的产品。比如，戴尔电脑成为第一批为客户定制产品的电脑生产企业中的一员。

新时代的营销观念认为组织实现目标的关键在于比竞争者更有效地对目标市场创造、传递和传播卓越的客户价值。

全方位营销（Holistic Marketing）观念是在对各种营销活动的广度以及相互依赖性有清楚认识的情况下，对营销项目、过程和活动的开发、设计和执行。

这种营销观念需要营销人员有一个广阔、整合的视角，具有非常广阔的全局观。

本书的整体观念也是基于全方位营销展开的，不光产品、服务、渠道需要运营，甚至组织内部以及供应链上下游都需要运营团队的渗透。

全方位营销观念包括内部营销、整合营销、绩效营销、关系营销四个方面，如图9.1所示。

图9.1 全方位营销观念

我们能够看到，在这个观念指导下的营销团队更像是商业模式的设计者，他们不光需要推动企业内部进行内部营销，更需要将企业的愿景、品牌与社会进行连接并且运营；同时，针对主要客户、雇员甚至行业合作伙伴等利益相关方，都需要持续地运营。

成功的全方位营销能够将行业的生态圈扩大，使之成为更加庞大的生态共赢集合。此时营销团队关注的不仅是客户成功，还有上下游供应商的成功。

1. 内部营销

内部营销（Internal Marketing）是全方位营销观念的构成要素，指的是雇佣、培训和激励那些想要更好地服务客户的有能力的员工。

只有当企业内部所有部门都以实现客户目标为目的，营销才能成功。

为什么这么说呢？我们来看一个案例。

欧洲一家大型航空企业的营销副总裁希望增加航空企业的流量份额，他的战略是：

- 提供更好的食物。
- 乘务员亲切、训练有素。
- 客舱清洁、气味清新。
- 更低的票价。

这些都是为了提升客户满意度而制定的策略，然而，他在这些方面并没有实际权限。而各个部门通常从成本或者生产的角度思考问题，它们的操作如下：

- 餐饮部因为预算的问题，选择低成本的食品，因此味道很差。
- 维修部选择廉价的保养服务，因此客舱的服务水平一般。
- 人力资源部在招聘员工的时候，关注点在于是否形象佳，而忽视了这些人是否友善。
- 财务部根据预算达成和利润分配进行定价，因此在价格上并没有达到营销副总裁的要求。

虽然营销副总裁为了提升客户满意度制定了策略，但是如果没有内部营销以及赋予营销团队相应的权限，那么这位营销副总裁制定的整合营销策略将没有机会成功。

因此，内部营销以及营销团队获得相应的权限非常重要。这要求高级管理人员的垂直一致性和各部门水平的一致性，这样当营销团队制定策略并通过的时候，各部门才能够理解并支持营销团队，共同努力。

那么，如何对营销团队，尤其是高级营销人员进行放权呢？

一些企业的做法值得我们参考。有些企业对各部门与营销团队的配合度以及它们对客户的态度与导向进行评估，进而增强营销团队对其他部门的影响力。

有兴趣的朋友可以到小新的微信公众号输入"客户导向评价表"来索取运营团队对各个部门的导向要求。

2．整合营销

在营销人员设计营销活动并且整合营销项目的过程中，当营销人员为消费者创造、传播、传递价值时，就会出现整合营销。也就是当营销活动繁多，并且彼此之间有着千丝万缕的联系时，我们需要有整合营销的理念。整合营销的理念在于"整体大于部分之和"。

它有两大核心主题：

- 多样化的营销活动可以创造、传播和传递价值。
- 营销人员在设计或执行任何一项营销活动时都应该考虑到其他活动，实现共赢。

公司在面对纷杂的营销活动时必须有统一的策略。

- 整合渠道策略：渠道的选择必须对产品和品牌负责。需要评估每个渠道对产品销售和品牌资产的直接影响，另外，还需要考虑这个渠道与其他渠道是否有冲突，以及其对产品销售和品牌价值的间接影响。
- 营销活动之间的整合策略：不可否认，现在品牌推广和营销的活动非常多。针对不同渠道以及不同产品，营销人员会有选择地采用电视、广播、报纸或者事件传播等方式进行传播。但是，在这些活动中，要确保传播的品牌价值与产品信息是统一的，避免不同客户从不同渠道获取的信息存在差异。

3. 绩效营销

绩效营销（Performance Marketing）要求企业高级管理人员能够理解营销活动和项目给企业与社会带来的财务与非财务回报。虽然唯销售额独尊的时代已经成为过去，但是营销人员还掌握着市场、客户、数据、产品等信息以及多角度的衡量指标。除此之外，出于对品牌价值和商誉的考量，营销人员还会关注营销活动对道德、社会及环境的影响。

绩效营销要求企业更好地承担法律及道德责任，并且将企业责任与社会责任进行挂钩。这也能够更好地塑造企业形象与品牌价值。

4. 关系营销

科特勒在《营销管理》中将关系营销（Relationship Marketing）定义为致力于与主要客户建立相互满意且长久的关系以获得和维持企业业务。但是，我们通过图9.1能够看到，关系营销关注的不仅仅是主要客户，还有雇员、合作伙伴和财务圈成员。

这实际上是建立了一个大的生态共同体。成员包括以下四类。

- 主要客户：企业服务对象，关注产品与服务。
- 雇员：企业共同体，关注企业发展与个人发展。
- 合作伙伴：由渠道、供应商、分销商、经销商以及代理商所构成的利益共同体，关注利益与规模。
- 财务圈成员：股东、投资者、分析师等，关注投入产出比和企业发展。

营销人员需要平衡利益相关方的各种回报，需要与生态共同体中的各方建立长期稳健的关系，需要深入理解各方的需求，并且与这些利益相关方共同成长。

与原始的企业运营理念不同，全方位营销观念要求我们构建一个共赢的大生态环境，在保持并促进企业核心竞争力提升的同时，为客户、合作伙伴提供更好的生存环境，获得共同成功。只有将利益相关方服务好并与之建立稳固的联系，获得利润才是自然而然的事。

在讲完了运营理念对运营团队的影响之后，你可以想一下你的企业对运营到底持什么态度。是觉得运营很厉害，可以化腐朽为神奇，乐意配合，还是仍然停留在产品观念阶段，甚至生产观念阶段，一味地推广、扩大规模而忽视客户的想法与需求？

9.3 组建运营团队

B端的运营团队与C端的运营团队之间有着很大的不同。

小新在前面已经说过，按照B端营销转化路径，B端运营团队可以分为售前运营岗、商务运营岗、产品运营岗和数据分析岗。而C端则按照运营的方向与模块分为用户运营、社区运营、渠道运营和内容运营。

9.3.1 B端运营团队与C端运营团队的差异

B端运营团队与C端运营团队的差异如表9.1所示。

表9.1 B端运营团队与C端运营团队的差异

	B端运营团队	C端运营团队
运营职能	售前运营岗、商务运营岗、产品运营岗、数据分析岗	用户运营、社区运营、渠道运营、内容运营
运营侧重点	客户转化、品牌价值	用户数、留存率
行业专业度	要求高，需要行业专家	要求低，需要运营专家
差异化程度	不高	高
招聘偏好	行业内、企业内部转岗	跨界，空降"大咖"

我们能够看到，B端企业在运营团队的建设上与C端企业是完全不同的。

B端企业在运营中需要专业人士提供内容。很多成功的B端运营人员本身就是这个行业的"大咖"，提供的内容和报告都非常专业，一出手就能够引起行业关注。举办圆桌会议或者行业交流会往往非常有效，容易成功。

而 C 端的运营人员往往对人性、心理、运营手段、商业模式以及玩法等研究颇深，知道如何快速拉新、进行病毒营销以及内容引爆。

看了上面的讲述，相信大家对自己所处的行业以及运营需求有了更加深入的理解。那么，你也会对自己行业的运营有更加深入的理解。

9.3.2　最小化运营团队

关于组建运营团队的观点很多，但是小新从实践和 B 端的各种案例来看，以"行业专家+运营人员"的形式在企业内部组建运营团队更加简单、直接。

这并不是说外部招聘不好，但是小新在实际的工作经验中发现，适合企业的行业特点和运作模式的运营人才往往非常难找到，因此才如此推荐。如果你所在的行业通过招聘能够找到非常靠谱并且专业的运营人员，那么你也可以采用招聘的方式组建团队。

小新在上文中已经讲过，运营团队按照 B 端营销转化路径能够分为售前运营岗、商务运营岗、产品运营岗和数据分析岗。按照模块划分，分为以下 8 个模块。

- **品牌建设模块**：文化塑造、产品价值、样板案例、异业合作、生态孵化等。
- **内容运营模块**：内容体系、活动策略、主题栏目、文案模板、内容产品化等。
- **渠道通路模块**：线上投放、线下会议、公域和私域流量的有效运用等。
- **客户经营模块**：客户画像定义、客户的使用场景、管理客户复购以及案例萃取等。
- **流程管理与维护模块**：签约流程、结算管理、合同管理、后端服务、代理商引入等。
- **数据分析模块**：包括交易数据、客户数据、营销数据和其他场景数据的搜集与分析。让这些数据能够有效地帮助我们推动业务增长，是产品运营人员需要去实施的工作项目。

- **产品模块**：包括核心价值，竞品分析、需求反馈、流量和收益模型。这些其实属于产品经理和产品运营人员都需要具备的通用能力模块。
- **数据模块**：指的是业务底层的基本数据，包括基础数据、内容数据、权限数据等。我们最终需要通过数据持续驱动业务增长，提升业务运营能力。

企业根据所属行业的不同，可以先设定售前运营岗和数据分析岗两个岗位。

1. 售前运营岗

1）进行品牌建设的内容梳理工作，将企业内部的资源充分调动起来，建立初步的内容数据库。

2）进行内容方面的梳理，调动内部员工的积极性，积极参与运营内容的写作，建立并发展内容体系、内容产品化。

3）初步梳理目前企业现有的渠道，为以后的渠道运营工作做准备。

4）对现有客户进行梳理，进行客户画像，明确使用场景，萃取案例。

5）制定运营策略，开始实施运营计划。

2. 数据分析岗

1）搜集并整理交易数据、客户数据、各种场景的数据。

2）分析数据并且给运营团队提出需要解决的问题以及工作的方向。

3）制作针对产品使用场景和客户满意度的数据检测报表并定期更新。

4）检测运营前后数据的走向，对产品提出迭代建议并推动产品的持续更新、升级。

最小化运营团队的建立能够帮助我们将企业内部的资源调动起来，并且进行分析整理。在开始的时候，我们能够看到，搜集并整理企业内部资料和数据的工作会非常繁重。

这需要我们善于进行项目管理，可以发挥各部门的积极性，将内容搜集工作进行下发，由运营团队进行搜集并整理，这样效率更高。

第9章 B端运营团队的构建与管理

在最小化运营团队搜集并整理内容的过程中,招聘团队及高层管理者就可以去挖掘企业内外部适合的人才,使之成为运营团队的一员。

一般情况下,B端企业由于行业以及专业度的原因,很难找到适合运营岗位的人才。小新在实际咨询的过程中,看到很多销售部、市场部的精英通过内部转岗来到运营团队中,并且锻炼成为非常专业的行业运营专家。

如果你有一颗愿意更好地服务客户和行业利益相关方的心,就能够成为一名非常优秀的运营人员。

后　记

撰写本书的过程，也是不断地梳理自己的知识体系以及查漏补缺的过程。原本我以为自己很懂运营，但是在B端专业化、系统化运营体系的搭建过程中，我才发现自己还有很多需要学习的地方。

在后期修正书稿的过程中，小新仍然在不断地思考：

- B端产品与解决方案的未来运营是什么样的？
- 当前这套体系是否会不适用于某些特定的行业？
- 未来的运营体系是否会有新的形态、新的变化？

唯一能够确定的就是变化本身。

不可否认，本书所介绍的方法论和观点都需要经过各行各业B端专业人才的消化和再造。一个理论不可能同时具备精确性、普世性和好记性三个特点。太精确的往往非常复杂，不好记；大而全的又往往不精准。因此，在梳理自己知识体系的过程中，小新并未加入太过复杂的建模、数据分析等内容。

随着大数据、5G应用技术的发展，企业产品在数字化转型的过程中，会通过更新的技术与策略更快地进入市场化的浪潮中。运营工具与经验势必会发生更迭，甚至会形成某些特定行业独立的运营方法论。因此，小新输出的这套运营方法论并非适用于所有B端行业。小新更希望通过自身理解并输出的这套运营方法论，能够给读者带来一些工作上的启发，并希望读者能够在所属行业中有效地践行。

写作匆忙，对部分B端案例未进行深度的阐述，并且未基于不同属性的B端产品进行深度的运营思考。如有未提及的地方，还请读者多指正。

未来小新会基于对不同B端行业的深入理解，对本书的运营方法与案例进行迭代。欢迎大家在小新的微信公众号上与小新沟通并提出意见。

　　最后感谢读者对小新的支持，欢迎大家在小新的微信公众号留言，给小新一个交换观点、深度交流的机会。

　　希望大家通过共同学习，一起把 B 端运营做好，实现共同成长，这是小新创作本书的初衷。

　　大家可以在微信公众号搜索"小新的产品运营社"或者扫描下方二维码，与小新交流工作感悟。

反侵权盗版声明

电子工业出版社依法对本作品享有专有出版权。任何未经权利人书面许可，复制、销售或通过信息网络传播本作品的行为；歪曲、篡改、剽窃本作品的行为，均违反《中华人民共和国著作权法》，其行为人应承担相应的民事责任和行政责任，构成犯罪的，将被依法追究刑事责任。

为了维护市场秩序，保护权利人的合法权益，我社将依法查处和打击侵权盗版的单位和个人。欢迎社会各界人士积极举报侵权盗版行为，本社将奖励举报有功人员，并保证举报人的信息不被泄露。

举报电话：（010）88254396；（010）88258888

传　　真：（010）88254397

E-mail：dbqq@phei.com.cn

通信地址：北京市万寿路173信箱
　　　　　电子工业出版社总编办公室

邮　　编：100036